損する起業・得する起業

お金は少ないほうがうまくいく！

税理士
谷口雅和
Masakazu Taniguchi

同文舘出版

はじめに

起業は「ロケット発射」と同じ。最初にチカラを入れないと、大気圏を突破できません。

「ファイブ、フォー、スリー、ツー、ワン、……ゼロ！　発射！」

黄色い光に包まれるロケット発射の、この瞬間のドキドキ感はたまりません。一瞬にして空を突き抜け見えなくなりますが、その間、私はあること以外は何も考えていません。

そのあることとは……、

「落ちてしまうのではないか？」という不安です。

私はよく起業家の方に、「ようやく大気圏を突破しましたね！」と話します。

多くの方はその言葉を聞いて、ホッとした表情をされます。

もちろんこの先も安泰とは言えませんが、それでもこれまでの道のりを考えれば、ようやく後ろを少し振り返る余裕が出てきたところでしょう。

そもそも、ほとんどの起業家は、初めて事業を起こします。何から何までドキドキしながらやることばかり。もっと言えば、「何をすればよいのかまったくわからない」状態です。気合いだけは入っている。ものすごいパワーを発揮できる。しかし、どこにパワーをかけていいのかわからない。

強力なパワーというものは、自分を間違った方向にも、連れていってしまうのです。

先ほどのロケットのたとえに戻ります。ロケットの発射は、いろいろな要素が成り立って成功しますが、次の2つが大きな要素になると思います。

・**綿密に軌道を計算していること**
・**ロケットのエンジンや各種部品が高性能であること**

つまり、**事前準備に何年もかかっている**のです。

ロケットの発射はほんの数十秒なのに、です。

もうお気づきでしょうか？　このたとえは、あなたの起業と同じです。

もちろん、起業してからも必死で頑張らないといけませんが、**起業前にすでに勝負が決まってしまう**ことが多いのです。

すでに起業している方も安心してください。本書には「こんな方法があったのか！」という発見があるはずです。軌道修正をするチャンスにしてください。

あなたはパイロットとして、ロケット「自分号」を操縦するのです！

私自信は起業する際、本をむさぼり読みました。セミナーにも参加しました。パイロットの私は、不安で心が折れてしまいそうな時、本やセミナーで救われ、モチベーションを維持できました。その時に学んでおいて、本当によかったと思います。

そして、私は税理士として、たくさんの方の起業に関わってきました。起業の「その後」もたくさん見てきました。その経験から、あなたに一番忘れてほしくない話をします。

それは……、

お金がなくなったらすべておしまい

ということです。

ロケットの発射には莫大な資金が必要です。

どんなにベストな軌道計算が出来上がっても、どんなに高性能なロケットが開発されていても、途中でお金がなくなったら、そこで中止です。

実際に起業家の悩み第1位は、「お金」についてです。

つまり、起業の失敗の意味は、「お金がなくなること」だと知っているからです。

それなのに多くの起業家は、お金については「よくわからない」「難しい」と思って避けているように感じます。

それもそうでしょう。お金の知識は、法律や金融、経済が絡むので複雑です。そのために、税理士や社会保険労務士、ファイナンシャルプランナーという専門家がいるのもうなずけます。

起業家に「正しいお金の知識」を伝えようとすると、専門用語の説明からはじまり、結局小難しくなり、何も伝わらないことになります。


そこで本書では、「正しく」伝えるよりも、「わかりやすく」伝えることを重視します。

起業家のあなたに必要なのは、実際に使える知識や具体的なお金の知識です。

私が20年以上、起業家の相談に乗ってきて得た生の現場の活きた知識とノウハウを、惜しみなくお伝えしていきましょう。

CONTENTS

お金は少ないほうがうまくいく！
損する起業・得する起業

はじめに
プロローグ —— 012

1章
損得勘定は「情報を知るか、知らないか」で決まる

経済的成功をもたらす損得勘定 —— 022
あくせく働く1万円も、得な方法で得た1万円も、同じ1万円 —— 024
そのビジネスでいくら稼ぐつもりですか？ —— 027
サラリーマンが起業する時に陥るワナ —— 031

2章
なぜ、お金は少ないほうがうまくいく？
貯金がある人のほうが起業後に不安になるジレンマ――034
這い上がった成功者の共通点――037
もともと低いところにいるから、落ちる怖さは少ない――040
失う不安は2倍大きい!?　ノーベル賞の「プロスペクト理論」――043
魚を与えられない人は、魚の獲り方を早く覚える――046
3章
起業の損得は「準備」からすでにはじまっている
ワザ1　起業はいつから準備すればいいのか？――050

ワザ2 マイホーム購入やクレジットカードの作成はサラリーマン時代にしておく——054
ワザ3 健康保険はどうなるのか?——056
ワザ4 サラリーマン時代の税金は取り戻せる!——060
ワザ5 週末起業・プチ起業のススメ——063
ワザ6 創業前が条件! 知られていない様々な起業の補助金——066
ワザ7 世にも奇妙な「開業費」という節税——068

4章

「個人事業開業」と「法人設立」の損得勘定

ワザ8 起業は「個人事業」と「法人」という選択ができる——072
ワザ9 合法的に消費税を支払わない方法——077
ワザ10 これを無視すると損得逆転! 社会保険負担——081
ワザ11 共同経営はNG?——086
ワザ12 節税になる届出 その1「青色申告」——090

ワザ13 節税になる届出 その2「減価償却」 099
ワザ14 専業主婦を役員にするのはダメ？ 102
ワザ15 「個人事業か法人」ではなく「個人事業と法人」という節約方法 105

5章 知らないと損得に大きく影響する「融資」Q＆A

ワザ16 資金は借りたほうがいい？ 借りないほうがいい？ 114
ワザ17 「運転資金」と「設備資金」の違いは何か？ 120
ワザ18 売上が増えても、資金が足りない理由 123
ワザ19 融資で「これだけは押さえる！」という決定的なポイント 125
ワザ20 そもそも、いくら借りられるのか 130
ワザ21 どこに申し込めば借りられるのか 135
ワザ22 保証人は「ナシ」でも借りられる？ 139
ワザ23 ぶっちゃけ、自己資金がないんですけど…… 143

6章

起業したら早めに知っておきたい「損得勘定」

ワザ24 1年目につまずくと、後が大変 ―― 150
ワザ25 最大の節税は「自分の給与をいくらにするか？」で決まる ―― 152
ワザ26 本当に税理士に頼む必要はあるの？ ―― 158
ワザ27 自宅の家賃や光熱費はいくらまで経費になるのか？ ―― 162
ワザ28 最重要項目！ 商品の「値段決め」のノウハウ ―― 168
ワザ29 赤字には「よい赤字」と「悪い赤字」がある ―― 171
ワザ30 調子がよい時は「黒字倒産」に注意する ―収支と損益の違い ―― 176
ワザ31 倒産のリスクを事前に知って、起業という冒険に出かけよう ―― 182

7章

一度身につけたら一生使える！ 起業を成功させる「お金のスキル」

同じ商品・サービスでも「計数感覚」が勝敗を分ける現実――190
ちょっとした判断が命取り！ 「儲け」のトリック――192
売上と原価のビミョーな関係――200
キャッシュを増やす8つの方法――205
儲けの最大のレバレッジは、需要と供給の不均衡――207
収入源をいくつか持つ――キャッシュミックス――210
「桃栗3年 柿8年」、起業時は「もやし」もつくろう――キャッシュタイミング――213

8章

起業3年目までに大きく差がつくのは損得「感情」

損得には「感情」がある！　「損得勘定」と「損得感情」――218
「お金がほしい」と言うのは悪いことか？　よいことか？――222
「代金」という相対的価値 ――稼ぎ方のスキル――224
お金の「拒食症」に注意！　もらう抵抗は、使う金額で消える ――使い方のスキル――227
お金と幸福度の関係――229
成長のブレーキはメンタルブロック ――あなたのお金の履歴書――231
ギアをシフトアップする ――成長へのステップ――234

エピローグ――237
おわりに

カバーデザイン／徳永裕美（ISSHIKI）
本文デザイン・ＤＴＰ／徳永裕美、戸塚みゆき（ISSHIKI）

プロローグ

お金が少なくても起業に成功できる

起業して成功した多くの経営者を見てきて、わかったことがあります。

それは、「お金は少ないほうがうまくいく」ということです。

不思議ではありませんか?

お金に向き合ったことがある人は、強いのです。空気の存在に感謝できるのは、空気が薄い環境にいる時です。お金に感謝できるのは、お金の大切さに気づいた時です。

私は「お金の大切さ」を高校2年生の時に気づきました。

まずは、そのエピソードをお話させていただきます。


私の父は派手でギャンブル好きな性分ですが、誰よりも人情に厚く尊敬できる人です。

ところが、私が高校2年生の時、父が部下の連帯保証を負うことになり、自宅を売却することになりました。

その後、父はギャンブルに明け暮れ、仕事もクビになりました。

ある朝、住んでいたマンション8階の廊下がやけにうるさいと思い、玄関ドアの穴からのぞいてみると、大きなドーベルマンが廊下を走り回っていました。

父が借金を返済できないことに対する、闇金業者からの嫌がらせだったのです。

結局、両親は離婚し、父は借金を残して家を出て行きました。

残された私たちは、電気もつかない生活を送ることになったのです。


実は、私自身も就職後に消費者金融からお金を借りて、借金地獄に陥りました。借金返済のために昼間の仕事だけでなく、深夜のバイトや内職を掛け持ちし、ようやく税理士として起業し、お金を求めて業績を伸ばしていきました。

ところがお金が増えても、「お金の不安」が常に離れません。

「お金が増えれば不安はなくなる」と思っていたのに……。


その原因は、「お金ですべてを失った」という価値観を、無意識に自分自身に植えつけていることでした。

「お金ですべてを失った」と思い込んでいるので、すべてを取り戻すためにお金を手に入れていきましたが、その行為は「今後、お金を失ったら、またすべてを失う」という恐怖感を増幅することでもありました。

大切なのは、お金の大小ではありません。「お金とどう向き合うか」です。

お金には、計算の「勘定」と、心の「感情」があります。

お金が少なくて、お金に向き合わざるを得ない経験をしてきたからこそ、お金の大切さがわかるのです。お金に感謝できるのです。

ウォルト・ディズニーもカーネル・サンダースも起業前はどん底だった

意外と思うかもしれませんが、起業の決意をするのは「どん底」にいる時であることがよくあります。

今は成功者と思われている経営者も、起業当時はどん底だった、ということがあります。

どん底から成功した起業家をアメリカ人から二名、日本人から一名ご紹介します。きっと、勇気をもらうことができると思います。

ウォルト・ディズニー

ウォルトが26歳の時に生み出した「ミッキーマウス」。もともと絵描きになりたかった彼は、兄にアートスタジオを紹介されて仕事を手に入れました。でも喜んだのも束の間。スタジオの経営悪化に伴い、なんと6週間で解雇されてしまいます。

しかしウォルトは、十分漫画家としてやっていけると判断し、同じく解雇された18歳の同僚と起業しますが、うまくいかず倒産。

でも彼はこんなことではへこたれません。

次はひとりで再度起業します。しかし、配給会社から不利な条件を飲まされ、二度目の倒産をしました。

普通ならここでチャレンジをやめそうなところですが、三度目の正直とばかりに兄と一緒に立ち上げたのが「ディズニー・ブラザース社」。これが今の「ディズニー社」のはじまりです。

「ミッキーマウス」や「白雪姫」などの大ヒットを飛ばし、資金を手に入れたにもかかわらず、新たな作品の制作に次々とチャレンジした結果、またも倒産の危機に瀕しました。

その後の大ヒットで倒産の危機を脱したと思ったら、今度はディズニーランドの建設で資金を使い果たす。まるでスプラッシュマウンテンのようなジェットコースター人生です。

ウォルトは常にお金に困りながらも、自分の夢を貫いていった人物です。

カーネル・サンダース

カーネル・サンダースといえばケンタッキーフライドチキン（現KFCコーポレーション）の創業者。こんなに顔を知られた経営者は他にいないでしょう。おなじみのカーネルおじさんの立像、実は成功した後をモデルにしているのではないのです。ケンタッキーフライドチキンを創業した時、彼はすでに「おじさん」だったのです。カーネルがケンタッキーフライドチキンをはじめたのは65歳。しかも、無一文でのスタートでした。

それまでの人生も紆余曲折の連続で、中学は入学後すぐにやめて、農場、4つの鉄道会社、弁護士補助、保険外交員、秘書、タイヤのセールスマンなど職を転々としていました。30歳になる頃にガソリンスタンドを経営し成功を収めるも、39歳の時には世界大恐慌の影響で店を手放すことになります。

再起して、別の地域にまたガソリンスタンドを出店し、その片隅にテーブルひとつとイス6脚ではじめたのが「サンダース・カフェ」でした。40歳で初めての飲食業です。そこで提供していた数少ないメニューに、フライドチキンがありました。

カフェは大盛況。しかし、49歳の時に火事で全焼してしまいます。その後レストランを出店するも、今度はハイウェイ建設により町に旅行客が来なくなり、65歳で廃業しました。

無一文のカーネルが考えたのは、人気だったフライドチキンのレシピを他のお店に売ること（スパイスは門外不出）。しかし、門前払いされる日々で結局は1009軒のお店に断られたそうです。その後の成功は、ご存じの通り。現在は世界125の国に広まり、1万9000以上の店舗を展開しています。

望月俊孝氏

今から10年近く前のことです。私はある合宿セミナーに参加しましたが、知人はゼロ。完全にアウェイの中、参加者の前で自分の悩みを講師に質問しました。講師からの返答は愛あるものでしたが、図星すぎてへこみました。その後、全員が会場で昼食をとることになるのですが、知人がいない私はひとりで食べることに。へこんだ上に、ひとりでとる昼食は寂しいものです。

その時、わざわざ隣の席に座って、温かく励ましてくださったのが望月俊孝先生でした。

私は望月先生との出会いで大きく成長することができました。望月先生は「宝地図」などを提唱し、自らがドン底の中から夢を叶えた願望達成の体現者です。

望月先生の起業時（ビフォー）と現在（アフター）を簡単にご紹介します。

〈起業時（ビフォー）〉
・最初の起業は1年で失敗し、会社員に戻る
・30代前半にして6000万円の借金を背負う
・リストラで職を失う
・全身アトピーになる

〈現在（アフター）〉
・10年以上かかると思っていた6000万円の借金を、なんと1年で返済
・起業2年目に出版した書籍は、累計10万部を超える
・過去25年間、書籍やセミナーを通して出会って来た人は、のべ62万人
・作家として、33冊の出版（累計77万部）、7ヶ国語に翻訳される

望月先生に憧れ、学んだことで、私の事業成功や人間的成長を大きく加速することができました。今でも望月先生が提唱する手法を積極的に取り入れています。

ここであなたに質問です。

ウォルト・ディズニー、カーネル・サンダースの二人と、望月俊孝氏との間には、大きな違いがあります。さて、それは何でしょうか？

それは、ウォルトやカーネルはもうこの世にいませんが、望月先生は現役バリバリで活躍されていることです。つまり、リアリティ（現実味）があるのです。自分が理想とする人物に、コーチとなって伴走してもらうことができれば、あなたはゴールまで最短距離で到達できます。ぜひ、そんな人物を見つけてください。

冒険家は想定されるリスクを事前に最小化する

「冒険家は想定されるリスクを最小限にする」と聞いたことがあります。

冒険というのは常に危険と隣り合わせです。そもそも危険がないことは、冒険とは言わないのかもしれません。

しかし、冒険家は決して危険が好きなわけではありません。

危険を冒してでも成し遂げたいことがあるから、行動するのです。

成し遂げられないということを絶対に避けたい。だから、危険な目になるべく遭わないようにしたい。

そのために、事前にいろいろな想定をします。めったに起きないようなことまでも含めて考えます。そしてリスクゼロとまではいかなくても、最小限で済むような対策をします。

それでも、実際に現地では、想定外の出来事が起こるかもしれません。

理屈で対処できない場合は、やはり勇気も必要になるでしょう。

起業もまったく同じことです（冒険家と違い、命までは取られないでしょうが）。

もし成し遂げたいと思うなら、事前にリスクは最小限にしましょう。

リスクを最小限にすることと、勇気がない、行動力がないことは違います。

「勇気を出すため、行動するために、事前準備をしましょう」ということを本書で提案したいと思います。

1章

損得勘定は「情報を知るか、知らないか」で決まる

経済的成功をもたらす損得勘定

「損か？　得か？」

私たちはこれまでの人生で、大小含め数えきれないほどの判断を繰り返してきました。

そして、「損した」と思うと、怒りや悲しみといったネガティブな感情が沸き起こります。

同じことが起こっても、人によって感情の度合いは異なりますが、**ほぼすべての人が損をすることに「痛み」を感じます**。

つまり、「損得」は、感情に大きく影響するのです。

これは、起業し、経営していく上で、見過ごせないテーマです。

そこで、「損得」に関して、２つのアプローチを考えてみましょう。

A：感情アプローチ（損しても感情が振り回されないようにする方法）

B：勘定アプローチ（そもそも損をしないように知識をつける方法）

本書では、両方のアプローチを解説していきます。「感情アプローチ」については、２

章と8章です。そして「勘定アプローチ」はさらに2つに分けました。

①知っただけで即実践可能な「知識・テクニック」
②損か得かを判断できる計数感覚が身につく「スキル」

①については3章から6章までで、②については7章でご紹介します。

経済的成功とは、いわゆるお金を手に入れることだと言えるでしょう。

ただ、「経済的成功＝幸せ」とはひとくくりに言えません。

しかし、大きく影響するのは確かです。

イコールにならない場合というのは、まったくお金に執着していない場合か、お金に過度に執着している場合です。どちらも健全とは言えません。

自分はそれでよくても、家族や従業員などの考え方が同じとは言えないからです。

お金に振り回されないようにしながら、冷静にお金を手に入れていくことが肝要です。

あくせく働く1万円も、得な方法で得た1万円も、同じ1万円

損得勘定を知ることでお金を増やしたり、節約したりすることができます。ちょっとした知識で、数十万円の収益が変わることだって十分あるでしょう。

損得勘定の知識を身につけることのメリットは、あくせく働く必要がないことです。例えば、損得勘定を使って得た1万円も、労働で得た1万円も、同じ1万円です。しかし、多くの人は労働にばかり目が向いています。

ご存じの方もいると思いますが、次のような木こりのたとえ話があります。

ある旅人が森の中で、忙しそうに木を切っているひとりの木こりに出会った。

木こりが使っている斧は使いすぎて、なかなか木が切れないようだった。

旅人は木こりに、「その斧では切れないから、手を休めて、斧を研いだらどうだい？」と言った。

木こりは「今、木を切るのに忙しくて、そんな暇はない！」と返した。

つまりは、**「斧を研ぐ時間が大切」**だということです。

起業にとって、斧を研ぐ時間とは、経営のことを考えたり、書籍やセミナーなどで情報収集したりする時間のことです。

「どんな起業家が成功しているか？」と聞かれたら、私は「常に学んでいる経営者」と答えます。

起業をする方にはぜひ、「仕事をする以外にも1万円を増やす方法がある」ことを知ってください。

損得勘定に抵抗があるとすれば、それは「難しそう」とか「お金の亡者みたいで嫌だ」ということが原因かもしれません。

もし難しそうだと思うことがあったら、専門家に頼めばいいのです。専門家を味方につけるのも、経営者の能力です。

といっても、何も考えずに丸投げしていい、ということではありません。

今取り組んでいることに対して「本当はもっとよい方法があるのではないか？」と自分

の常識や知識を疑うことはとても大切で、ぜひ、経営者に身につけてほしい能力と言えます。

これは**「疑問力」**とも言い換えられます。

「お金の亡者みたい」と思うのは、お金を一番大事なものととらえ、お金に振り回されてしまっているからです。

映画『ロード・オブ・ザ・リング』に出てくる指輪の魔力に憑りつかれている状態と同じです。

「何のためにお金を必要とするのか？」と自分に問いかけることで、お金は手段に変わり、本来の起業の目的が明確になってくるでしょう。

そのビジネスでいくら稼ぐつもりですか？

「稼ぎたい」

起業家なら誰もが思うことでしょう。

ただ「いくら稼ぎたいですか？」と質問すると、たいていの方は「年収1000万円」とか「年商1億円」という、何だか根拠のない金額ばかり。

まずは「いくら稼ぐのか？」を計画しなければ、何もはじまりません。

例えば飲食店をはじめたとします。

借金は嫌なので、自宅に2席だけのラーメン店をオープンしました。価格は世間相場。これで年収1000万円が稼げるでしょうか？　年商でさえ1000万円に届かず、生活も厳しくなるでしょう。これは稼ぐ金額を間違えているパターンです。

生活できるだけの年収は早急に確保したいものです。でもその前に、そもそも生活費はいくら必要なのかを知らなければなりません。

「稼がなければならない金額」をクリアしたら、今度は「稼ぎたい金額」を設定しましょう。どちらにしても、予測が必要です。

起業家にこのような話をすると、「いくら稼げるのか予測できない」とよく言われます。予測できないから予測しないというのは、ただ闇雲に経営しているようなものです。**創業融資や補助金申請の場面では、客観的で根拠のある売上予測が最も重要**です。

飲食店のように席数が決まっていたり、エステのように対応できる人数が決まっていたりすれば、ある程度の予測は可能でしょう。

しかし、通販ビジネスや士業、コンサルタント、高額商品を扱う場合は、予測が非常に難しくなります。過去の実績などを客観的根拠としますが、いざ開業してみると、大きく違ったという例もたくさんあります。

「予測できない」と言う人は、予測できないのではなく、予測していないだけです。

当たらなくてもいいのです。予測するからこそ改善することができるのです。一度も予測しないよりはるかにマシです。

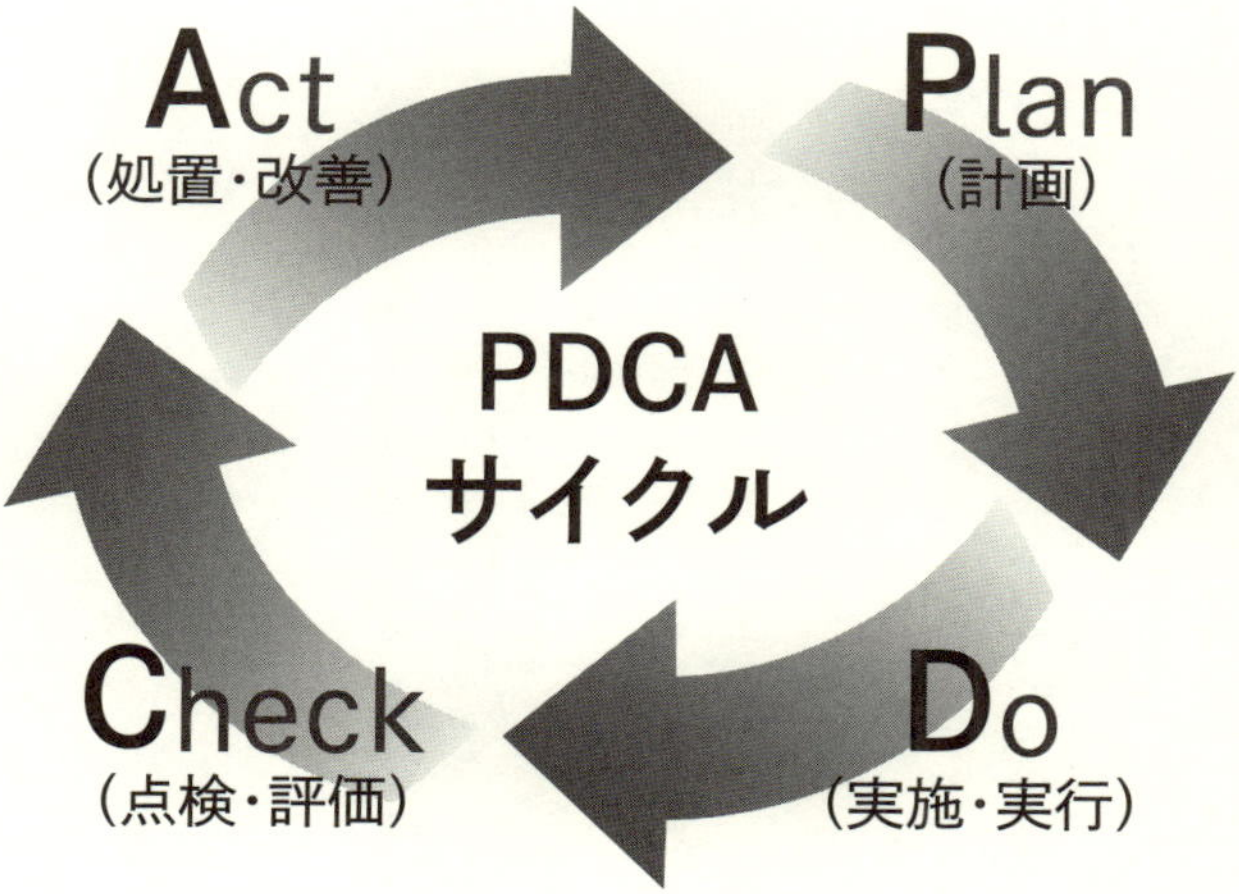

「ＰＤＣＡサイクル」というマネジメント手法をご存じですか？　物事は、実行する前に計画（Ｐｌａｎ）を立てたり予測したりしていないと、評価（Ｃｈｅｃｋ）と次への改善（Ａｃｔ）ができません。

この予測する力は起業する時だけではなく、その後もずっと経営者に求められます。

起業家の誰もが最初は初心者なので、予測は難しいでしょう。しかし、何もせず1回で大成功させようとするのは、目をつぶってホームランを狙うようなものです。

必ずボールを目で捉えてください。３回空振りしなければ、アウトになりません。その３回のうちに軌道修正をすればいいのです。

現実としては、大打撃を受けなければ、３回ではなく何度でも軌道修正が可能です。

「プランがなくても成功している人はいる」という反論もあるかもしれません。たしかに、実際にそういう人はいます。もともと素質があったり、たまたま成功したり、という人たちです。

ただ、たまたま成功した人は、経営者スキルを身につけていないので、状況が悪くなった時に耐えられないでしょう。

また、無計画なために失敗してしまった人たちも、たくさんいます。仕事がたくさんあるイコール儲かっている、というわけではありません。仮に、ラーメンを一杯１００円で売れば行列ができるでしょう。しかし儲からないので、店は確実に潰れます。

何度も検証することができれば、次第に失敗しなくなります。

起業家は、この**「予測力」**とも呼べるスキルを身につけることからはじめましょう。

サラリーマンが起業する時に陥るワナ

サラリーマン時代に、「こんなに頑張って売上を上げたのに、給与はこれだけ？」と思ったことはありませんか？

会社員の時に営業成績がよかった人は、きっと思ったことがあるはずです。

だからこそ、起業を考えているのでしょう。

私は税理士として、起業家から起業動機を聞くのですが、「営業成績がよかったから、自分で起業したほうが儲かる」と自信ありげに答える方が多くいます。

しかし、起業後ほとんどの方が、**「こんなはずじゃなかった！」**と言います。

なぜでしょうか？　売上が確保できなかったのでしょうか？

サラリーマン時代は会社の信用や知名度があったのに、起業してみると、それまで友人のように接してくれた得意先から、急に断られたという話も聞きます。

元飲食店店長が起業して、別の場所に店を出したところ、これまでの客層と違ったため、リピーターが来なくなったという話も聞きます。

しかし、大きな誤算はそれ以外にもあります。

それは、**「え？　経費ってこんなにかかるの⁉」**という誤算です。

稼がないといけない売上は、給与分だけではないことはわかっているでしょう。そして、福利厚生費や広告宣伝費、家賃などの大きな支出（経費）も考慮しているでしょう。

しかし、**「小さな支出」を見逃している**のです。

実は、利益を出している起業家は、「小さな支出」がほとんどないという事実があります。

金額の大きい重要な支出は効果測定しながら意識して使い、小さな支出は意識しながら節約しているのです。

重要な支出は「筋肉」。重要ではない支出は「ぜい肉」。

そう意識して、あなたもぜひ、スリムな経営を目指しましょう。

2章

なぜ、お金は少ないほうがうまくいく？

貯金がある人のほうが起業後に不安になるジレンマ

いくらの収入が必要なのか。それは、人それぞれ違います。

起業の業種・事業規模によっても変わります。

「月商30万円あれば十分」と言う人もいれば、「月商300万円あっても足りない」と言う人もいます。

しかし、すべての人に共通しているのは、**「貯金が減る」と不安になる**ということです。

「起業するために、せっかく300万円貯めたのに、毎月50万円ずつ減っていく……。このままでは半年で底をついてしまう。もし売上が全然増えなかったらどうしよう……」

起業の究極の不安はこれです。

では、もともと貯金のない人は、不安ではないのでしょうか？

もちろん、そんなことはありませんが、**貯金のある人より貯金のない人のほうが不安に対して「強い」傾向があります。**

その理由には、次のようなことが考えられます。

①稼ぐのが得意（だと思っている）

サッカーでたとえるなら、フォワードに向いている人です。

「1点失うなら、1点取ればいい」という発想。

稼ぐのが得意なので、浪費してしまう悪いクセがあっても、貯金が減りつつも、「また稼げばいい」という心理状態になります。お金がない不安に対して強いメンタルを持っています。

②後退している感覚がない

貯金が減った時に、「これから前に進もうと起業したのに、進むどころか後退している」と感じると、不安が募ります。

これは、歩くことと似ています。前に歩いたり、立ち止まったりしている時は平気でも、後ろ向きに歩く時は先が見えなくて不安です。段差があって転んでしまうのではないか、何かにぶつかってしまうのではないかと緊張します。

そもそも、貯金した人には、「自然と貯金できた人」と「不安で貯金した人」がいますが、後者の場合は裏を返すと、貯金が減ると不安になるということです。

一方、貯金がない人は、現時点で、すぐ後ろが崖っぷちです。一歩も下がれません。それでも起業するのですから、不安に「強い」と言えるでしょう。

③起業前の状態をなんとか改善したい

貯金がない理由に、起業前にしていた仕事では低賃金でお金が貯まらないことや、職場の人間関係・配置転換・リストラ・倒産など、急に起業せざるを得ないことなどがあげられます。

準備不足を知っているからこそ、覚悟ができているという場合があるのです。

これらから言えるのは、もう後ろに下がる場所がない、だから前に進むしかない！　という覚悟が、「火事場の馬鹿力」となるということです。貯金がないほうが「馬鹿力」が発揮できるということでしょう。

這い上がった成功者の共通点

偉人の伝記には、大きな挫折や苦労のエピソードが必ず入っています。

「もうこれ以上無理！」「なんで自分ばかりこんな目に遭うんだろう」と、自分を否定し続けた後に、地獄から天国へ昇る透明の階段が見えるようです。

では、地獄から天国へ昇るには、どのような考え方が必要なのでしょうか？

①「痛み」をどう捉えるかが大事

人間は一度痛みを覚えると、それを避けようとする本能が働きます。

起業の際には、不安ながらも自信や夢を抱いて、大きな一歩を踏み出す人が多いでしょう。不安が大きくても、まだ痛みにはなっていません。

ところが、起業したけれどなかなか思い通りにならなかったり、失敗してしまったりすると、「痛み」を感じはじめます。そして、自分の能力を信頼できなくなっていきます。

ここで大きく2つの道に分かれます。

1つ目は、「痛み」をいつまでも引きずるか、逃避する人。「痛み」は自分を守るための防衛本能です。「危ないぞ！」というシグナルでもあります。

もし起業に未練がないならば、進む道を方向転換することで、経営者となるよりもよい人生を送ることもできます。

2つ目は、「痛み」を「ギフト」と捉えて、教訓にして再チャレンジする人です。痛みを抱えたまま、恐る恐る再チャレンジするのは好ましくありません。致命的になる前に、失敗は神様から与えられた「ギフト」であると受け入れ、感じてみてください。

②成功を妨げるのは「当たり前」

あるセミナーで「『ありがとう』の反対は何ですか？」と聞かれました。

漢字で書くと「有り難う」。「有ることが難しい」という意味。

つまり、「ありがとう」の反対は「当たり前」ということです。

あなたはスキルも経験も人脈もお金もやる気も、すでに持っています。でも誰かと比較して「少ない」と判断した時に、自信を失います。

あなたがこれまでに得たスキル・経験・人脈・お金・やる気は、実はあって当然のものではないのです。つまり当たり前ではないのです。

それに大きく気づかされるのが、失敗した時です。

失敗でお金も失うでしょう。自分のスキルや経験も疑うでしょう。もしかしたら、人も離れていってしまうかもしれません。もちろん、やる気も失うでしょう。

すべてを失うと、わずかに残ったものに感謝できます。

「当たり前」と思っていたものが、「当たり前ではなかった」とわかるからです。

③深くしゃがむから大きなジャンプができる

失敗した人は、失敗していない人よりも多くのことに気づくことができます。その痛みが大きいほど、深い気づきが得られます。

一度失ったからこそ、わずかなことや些細なことに感謝できます。これを反射神経ではなく「感謝神経」と呼ぶと、聞いたことがあります。

この「感謝神経」こそ、大きなジャンプを可能にするバネになるのです。


つまり、失敗や挫折や落ち込みというのは、「成功のための必須条件」とも言えます。もし、あなたがこれらを乗り越えることができれば、他人よりも成功確率を上げることができるでしょう。

もともと低いところにいるから、落ちる怖さは少ない

突然ですが、実は私は高所恐怖症です。

しかし、生まれつき高所恐怖症の赤ちゃんはいません。何かのきっかけがあって高所恐怖症になります。例えばお父さんがしてくれる「たかい、たかい、たか〜い」で、無意識に高所恐怖症になってしまうこともあるそうです。

私自身は、高所恐怖症になったきっかけを明確に覚えています。

5歳の時に、ひとりで屋内ジャングルジムへ遊びに行きました。他に誰もいなかったので、のびのびと遊んでいましたが、高いところで足を踏み外して落ちてしまいました。バーで鼻を打ち、血だらけになりましたが、誰もいないため、しばらく鼻血を出しながらその場にうずくまっていました。そして、その後どうなったのかは、記憶がありません。

小学生になっても、ジャングルジムを目の前にすると足がすくみ、登ることができませんでした。**足元がスカスカで落ちる可能性がいっぱい**だからです。

話は変わり、私が税理士として独立してから4～5年経った頃のこと。もう二度とお金の恐怖を味わいたくないという思いから、毎年売上を増やし続けることに必死でした。経営計画も作成し、それを意地でも達成させる努力をしていました。

ところが、売上を増やし続けても、お金の不安が消えません。

新規取引先が増えれば、「このままもっと売上を増やすぞ！」と自信満々になり、そうかと思えば、その数時間後には「お客様から顧問解除されたらどうしよう」と根拠のない不安にさいなまれたりしました。

「お金があれば、お金の不安が消える」そう思って突き進んできたのに、「何かが違う？」と疑問を抱きはじめ、「なぜお金があっても、お金の不安が消えないのだろう？」と、その探究が私のライフワークになっていきました。そして、あることに気がつきました。

私は起業して、足元を見ず、上ばかりを見て、急いで駆け上がっていました。

ある時、ふと足元を見ると、自分がいつのまにか高い場所にいるではないですか。その時、私は足がすくみ、不安や恐怖を感じました。

これを経営に置き換えてみると、

足元→これまでに実績を上げた自信や、既存のお客様へのサービスや感謝

上↓経営計画やライバル、新規顧客獲得
足元を見るきっかけ↓お客様からのクレームや顧問解除、職員の退職

つまり、過去に感謝もせず、自分のエゴだけを目標に、まわりの意見も聞かずに、それが正しいと信じて突き進んでいたのです。

その矢先に、顧問解除や職員の退職などの、自分の足を引っ張る出来事があると、イライラし、自分が落ちてしまう不安が膨れ上がっていました。

今振り返ると、話すのも恥ずかしいですが、本当にそれが正しいと思っていたのです。

なぜなら、**私はいつのまにか、お金を稼ぐことが起業の目的になっていた**からです。

「成長を遅らせろ」と言いたいわけではありません。

成長の過程で、「時には過去を振り返りましょう」と伝えたいのです。

そして足元がスカスカならば、「感謝」や「自信」という土で埋めながら上がっていきましょう。そうすれば仮に落ちることがあっても、その土があなたを守ってくれます。

「感謝が土台をつくり、夢が舞台をつくる」

これが私の座右の銘です。

失う不安は2倍大きい!?
ノーベル賞の「プロスペクト理論」

「起業したい！」。夢は明確だし、準備も整ってきた。

でも、「失敗したら、どうしよう？」　不安が大きくて、やっぱり一歩が踏み出せない。

多くの人が、このような悩みを抱えています。

お金を失うことについての研究発表があります。なんとノーベル経済学賞まで受賞しているほどです。

それは、ダニエル・カーネマン教授らが発見した「プロスペクト理論（Prospect theory）」と呼ばれるもの。

そもそも、ダニエル・カーネマンは行動心理学の第一人者です。

行動心理学とは、人間は合理的だと頭ではわかっていても、その通りに行動するとは限らない、つまり非合理的に行動してしまう心理状態について研究する学問です。

そして、プロスペクト理論とは、「**人は得したい気持ちより、損したくない気持ちのほうが大きい**」という理論です。

つまり、得する喜びよりも、損する痛みのほうが大きいということです。

ちなみに、プロスペクト（Prospect）とは、「予想」「見込み」を意味しています。

例えば、コインを投げて、

【質問1】

A：表が出たら200万円もらえるが、裏が出たら何ももらえない

B：コイン投げをしなければ、無条件で100万円もらえる

あなたなら、どちらを選びますか？

多くの人の答えはBという結果。

では、もし、あなたが現在200万円の負債を抱えていて、返済を迫られているとします。

【質問2】

A：表が出たら負債は全額免除。しかし、裏が出たら負債は減らない

B：コイン投げしなければ、負債は100万円減額。残り100万円を自腹で返済する

この場合、どちらを選びますか？

多くの人は、今度はAを選んだそうです。

つまり、質問1では損失を回避し、質問2では、すでに損失があるので、リスクを負ってでもそれを埋めよう（損失を回避しよう）とするのです。

これを起業に当てはめてみると、年収が高いとか、仕事もつらくないなど、すでに守られた環境にいる人のほうが、リスクを冒しにくいと言えます。

反対に、今の仕事では借金を返せないとか、今の年収では将来が不安だとか、仕事がつらいなどの悩みを抱えている人のほうが、リスクを冒してでも起業する判断をしやすいということになります。

だから、「もうダメだ！」と思った人が、一歩を踏み出しているのです。

決してその人に特別な勇気があった、というわけではありません。

魚を与えられない人は、魚の獲り方を早く覚える

タイトルの言葉を聞いたことはありますか？

老子の名言「授人以魚　不如授人以漁」から来ているようです。

つまり、一時的に魚（お金やお客様）を与えても根本的な解決にならず、魚の獲り方（経営スキル）を覚える必要があるということです。


サラリーマン時代には営業成績がよかったのに、起業してからうまくいかなくなったという話を聞きます。

サラリーマン時代は、会社のブランドや信用があるので、たとえ飛び込み営業でも信用されました。しかしひとりで事業をして、しかも起業してすぐでは、知人以外信用してくれないでしょう。


前職では自分ひとりの力で成績をあげたと思っていたけれど、実は会社に守られていたことを起業してから初めて知るのです。

そこで、「新たなお客様をどうやって見つけたらよいのか？（魚の居場所）」「自分は他社と比べてどんなメリットがあるのか？」という**マーケティングスキル**が必要になります。

これは大切ですが、これだけでは起業当初からうまくいく可能性はまだ低いでしょう。

もうひとつ大切なのが、これまでの人脈です。

人によっては、大会社に勤めていた人もいれば、従業員が自分だけの会社という零細企業に勤めていた人もいるでしょう。

また、サラリーマン時代と同じ業種で起業する人もいれば、全然違う業種で起業する人もいるでしょう。

どんな場合であっても、これまでの人脈は大事になります。

ここで言う人脈とは、見込み顧客を指しているのではなく、あなたを応援してくれる人たち、あなたに縁をつないでくれる人たちのことです。

起業時にどれだけお金を持っているのかはあまり関係ありません。お金の有無を気にするのは、銀行と自分だけです。

それよりも、人脈や信用を多く持っている人のほうが成功します。

3章

起業の損得は「準備」からすでにはじまっている

ワザ1 起業はいつから準備すればいいのか？

起業の何ヶ月前までに準備をすると逆算するよりも、「いつでも」起業できるための準備をしておきましょう。

起業のチャンスやタイミングは、予測通りとはいかないもの。むしろ準備をしはじめると、チャンスが巡ってきます。準備も行動のひとつです。

準備しておいたほうがよいこと

①起業家の本を読んだり、セミナーを受講したりしましょう

サラリーマンと経営者の違いに、人脈があります。

「類は友を呼ぶの法則」で、サラリーマンにはサラリーマンの友人が多くなるし、経営者には経営者の友人が多くなります。

普段、経営者と接する機会が少ないサラリーマンが、経営者と出会える場所は、本やセミナーです。

本ではなかなかお会いすることができないような、著名な経営者のエピソードや考え方が学べます。その人が何年間、何十年間もかけて蓄積したノウハウなどが、たった数時間で勉強できるのです。

セミナーでは講師の話を直接聞くことができ、講師の熱が伝わってくることで、モチベーションも高まります。

また懇親会に参加すれば、その場に参加している経営者から話を聞いたり、後日お会いして会社を見せていただいたり、アドバイスをもらったりすることもできます。

私がセミナーに参加するようになって気がついたことですが、**経営者にいろいろ質問しなくても、その経営者と親しくおつき合いさせていただくうちに、無意識にその経営者と考え方や行動が似てくることがあります。**

特にこれまで経営者とおつき合いした経験が少ない場合は、刷り込みのように最初に知り合った経営者と、考え方や行動が似てきます。

そのため、どんな経営者やグループとおつき合いするのかが重要となってきます。なぜなら、その中で培った人脈を通して、その先の人脈が広がっていくからです。

異業種交流会に参加する方法もありますが、短時間ではその人から学べることは少ないです。

その点、セミナーには、勉強意欲の高い経営者が参加しており、さらに連続講座の場合は、同じメンバーで何度も会うので、自然と仲よくなっていきます。

もし、自分にとって不相応な場所だと思っても、一歩も二歩も先に進んでいる経営者の集まりに顔を出すことをおすすめします。

②今の仕事に真剣に取り組みましょう

起業の夢が出てくると、現実の仕事の嫌な部分が見えてきたり、上司やお客様の不満に反発したくなったり、何かと今の仕事に真剣に取り組めなくなったりすることもあります。

「立つ鳥跡を濁さず」ということわざがありますが、ここで仕事の心構えを講釈しているわけではありません。

私が伝えたいことは、今ある仕事を真剣に取り組んだ先に、起業の成功があるということです。

起業を成功させるには、過去の成功体験がたくさんあるほうが望ましいです。

成功体験が多いほど自信につながりますし、あなたの得意なパターンも見えてきます。

あなたが忘れているだけで、大小様々な成功体験があると思います。自分の棚卸も兼ねて、起業前に一度リストアップしてみるのもいいでしょう。

それからもう一点大事なことは、真剣に取り組んで「やり切った」感（達成感とは違い、結果を伴わなくても「もう十分」と思える気持ち）を味わうことで、尾を引かず、きっぱりと次のことにスイッチできるようになります。

起業を成功させるために、目の前にある仕事に対して、真剣に取り組んでください。

③起業の知識を学びましょう

これは現実的な話です。

知識があるか否かで、損を避けることも、得をすることも可能です。

ここに経営者マインドなどは不要です。

特にお金に関しては、単純に知っているか否かだけで、損得の「大小」が変わってきます。**汗水働いて生み出した1万円も、損を避けて守った1万円も同じ価値です。**ついつい苦労した1万円の価値を高くしてしまいがちですが、使う時は同じ価値です。

パッション（情熱的）な一面とロジカル（理性的）な一面の両方を持つ経営者が成功するのです。

では、ここからは起業時のお金の知識についてお伝えしていきます。

ワザ2 マイホーム購入やクレジットカードの作成はサラリーマン時代にしておく

起業した途端、世間では自分の信用がないことに気づく場面があります。

それは、ローンを組む時。世間では、サラリーマンの信用は絶大です。来月でも来年でも、もしかしたら定年まで必ず一日も遅れずに決まった給与が入ってくるからです。

ところが、起業するとその信用がなくなります。

仮に、勤めていた会社と「雇用関係」はなくなったけれど、仕事はすべてこれまで勤めていた会社から受注し続けたとしても、やはり信用はなくなります。

この違いは「雇用」にあります。雇用関係がある限り、簡単にクビにはできないし、給与の支払いを止めることができません。たとえ会社の経営が悪化していてもです。

実は、もうひとつ別の大きな理由があります。

ローンを組む時には「年収（年間収入）」が大きな要素になります。

会社員の年収は簡単にわかります。毎年「源泉徴収票」に記載されているからです。

問題は、個人事業で起業した場合です。

この場合の年間収入は「年間利益」（厳密には年間所得）を指します。

年間利益の算出は、確定申告で所得税を納めるためにも必要です。

利益が多くなれば、所得税も多くなります。人間の心理として、なるべく所得税を納める金額は抑えたい。そのために、なるべく経費を増やして、利益を減らしたいと考えます。

携帯電話代やガソリン代、自動車の購入費用（減価償却費）が、個人事業主になると経費になります。

しかし、個人事業主は利益が少なくなると、年収が低く判断されてしまうのです。

そのため、マイホームやマイカーの購入でローンを組む場合は、サラリーマン時代にしておきましょう。

例えば、住宅ローンを組む時は、起業前に行なわないと審査に通らない場合があります。

その理由として、次の2点があります。

①勤続年数を満たさない（民間住宅ローンの場合。フラット35は要件なし）

②返済できるだけの所得がない

すでに住宅ローンを組んでマイホームを持っている人で、借り換えを検討する場合も同じことが起こるので気をつけましょう。

ワザ3 健康保険はどうなるのか？

今サラリーマンの方で、社会保険（協会けんぽ）に加入しているなら、そのまま任意継続（加入手続きは、退職後20日以内が厳守）が可能です。

通常なら、退職して個人事業主になると、国民健康保険へ切り替わります。しかし、もし任意継続したほうが有利ならば、継続することが可能です（継続期間は2年間）。

社会保険の「任意継続」と「国民健康保険」への切り替えはどちらが有利なのでしょうか？　見ていきましょう。

最初に、注意点が2つあります。

1つ目の注意点は、会社員ならば社会保険料の約半分は会社が負担してくれていますが、任意継続する場合、全額を自分で納めないといけなくなります。単純に言ってしまえば、保険料が2倍になるということです。その上で比較をしないといけません。

そして2つ目の注意点は、厚生年金です。社会保険とは健康保険と厚生年金をセットにした呼び方ですが、任意継続ができるのは「健康保険」だけです。厚生年金は継続ができないので、国民年金に切り替わります。

任意継続VS国民健康保険　どちらが有利か？

結論を言うと、起業家自身の退職時の年収や家族構成により、有利不利が変わります。

次ページの図、3つの例で見ていきましょう。

この3つのパターン、何が違うのかをまとめてみましょう。

実は扶養家族の人数は、任意継続の保険料には影響しません。**任意継続の保険料は、月収がいくらかによって変わる**のです。

一方、**国民健康保険は世帯の人数**が多いと、保険料が上がっていきます。ですから、保険料の差が出てくるということになります。

つまり、**扶養家族が多い場合、扶養家族の人数が保険料に影響しない任意継続が有利になる可能性がある**ということです。

例3の高所得者の場合、扶養家族が多いので、大きく任意継続のほうが有利になりまし

任意継続 vs 国民健康保険（国保）どちらが有利？

【例 1】標準世帯／年収 350 万円

（月収 25 万円 ×12 ヶ月、賞与 25 万円 ×2 回）
男性、35 歳、専業主婦 32 歳と 3 歳の子ども 1 人

任継	309,192 円／年	任継 が 22,248 円有利
国保	331,440 円／年	

【例 2】若手独身／年収 300 万円

（月収 20 万円 ×12 ヶ月、賞与 30 万円 ×2 回）
男性、30 歳、独身

任継	237,840 円／年	国保 が 38,410 円有利
国保	199,430 円／年	

【例 3】高所得者世帯／年収 700 万円

（月収 50 万円 ×12 ヶ月、賞与 50 万円 ×2 回）
男性、50 歳、専業主婦 45 歳と 18 歳と 16 歳の子ども 2 人

任継	388,416 円／年	任継 が 342,584 円有利
国保	731,000 円／年	

※国民健康保険は住んでいる市町村によって保険料が異なります

た。

「あれ？　でも任意継続は月収がいくらかによって保険料が変わるので、高所得者は任意継続が不利では？」と気づいたあなたは素晴らしいです！

この高所得者が、なぜ有利になったのかを説明します。

任意継続の保険料は、基本的には辞める前の月収で決まります。

ただ、それが月収50万円だった人は今まで通り高い保険料かというと、「月収が28万円までの保険料しか負担しなくていい」という、上限が設けられているのです。

つまり、**月収28万円を超えてくると任意継続のほうが有利になる可能性が出てきます。**

会社を辞める前に、任意継続にするか国民健康保険にするかを選ぶ必要があるので、自分はどちらが有利なのかを専門家に相談するなどして計算してみましょう。

ワザ4

サラリーマン時代の税金は取り戻せる！

個人事業主として起業した場合の話です。

個人事業主は毎年2月16日から3月15日までの間に確定申告をすることが必要です。

その際に、事業所得だけでなく、他に給与や投資などの所得があれば原則すべてを合わせて申告しなければなりません。


ここで問題になるのは、「いつ起業するのがいいか？」です。

「起業するなら、年内中ギリギリ（例えば12月）が有利でしょうか？　それともきりがいい来年1月1日のほうが有利でしょうか？」

これはよく相談を受けるので、見ていきましょう。


答えは、**「年内に起業したほうが有利になる可能性が大きい」と言えます。**

サラリーマンの給与所得と、事業の赤字を相殺できるからです。

その結果、赤字分をサラリーマン分の所得税から取り戻す（還付される）ことができます。

サラリーマンは所得税が毎月の給料から天引き（源泉徴収）されています。天引きされた所得税というのは、すでに税務署に税金を払っているのと同じことです（実際は勤務先が税務署に納めています）。

年末調整で、勤務先から還付金が入ってきますよね。これは、年間の所得税を計算してみると、毎月引きすぎていたから、戻ってくるのです。

しかし、起業すると自分で確定申告をしなければなりません。その際に、サラリーマン時代に天引きされていた所得税を取り戻すことができます。

その節税は、所得税だけでなく住民税に対しても効果があります。

「12月に開業して利益が出たら、税金が戻るどころか、払わないといけないのでは？」

という指摘があるかもしれません。

この点に関しては次の2点から、やはり年内起業のほうがよい場合があります。

①1月に起業しても12月に起業しても、青色申告特別控除65万円は同じ

青色申告特別控除とは、個人事業主が青色申告をした際に、所得金額から最高65万円が控除される制度です。

もし月60万円利益が出る場合、1月起業だと60万円×12ヶ月＝７２０万円。

ここから、65万円控除しても、所得６５５万円発生。

しかし12月起業だと60万円－60万円＝０円（控除は利益までが限度）となり、この分に税金がかかりません。

②起業時には、いろいろと臨時支出がある

12月単月では利益が出ていても、起業する時や起業する前にいろいろとお金を使っている場合があります。それらも経費（開業費償却）になります。

もし、年内の売上よりも、開業費や経費のほうが多いと、差引赤字になります。そこで、この事業の赤字を給与所得と相殺するというワザがあるのです。

ワザ5 週末起業・プチ起業のススメ

国がすすめる「働き方改革」の流れもあり、雇用されるのみの働き方だけではなくなりつつあります。会社に雇用されながらも、自分で副業をすることが、今後多くの企業でも認められるようになっていくと思います。

それは、言い方を換えると、会社に頼らずに、自分で稼ぐ方法を見つけていかなければ、収入が減るリスクがあるとも言えるのです。

どちらにしても、週末だけなど、仕事時間以外を活用した「週末起業」や「プチ起業」が増えつつあります。例えばすでに、Amazonやメルカリ、ヤフオク！　など、サラリーマンでもネット通販をビジネスにしている人がたくさんいます。

私も、週末起業やプチ起業をおすすめします。メリットをあげてみると、

- **今の仕事も嫌いではないが、自分の好きなことを実現できる**
- **同じ趣味や嗜好の仲間と出会える機会が増える**
- **プチ起業で日常のガス抜き、気分転換ができる**

・生活費を給料以外で補うことができる

・（特に女性の場合）夫の収入に頼らずに自立することができる

・開業届を出すことで、経費が使える

・もしも会社を急にクビになっても、稼ぐ方法が身についている

・いきなり起業して失敗するリスクを回避できる

・ひとつのビジネスだけでなく、自分がやりたいことを試してみることができる

・ひとつのビジネスだとしても、様々なことを試してみることができる（給与収入が途切れていないので、チャレンジしやすい）

このようにメリットはたくさんあります。反対にデメリットをあげるならば、本腰を入れることができずに、思うように進まなかったり、チャンスを逃してしまったりすることかもしれません。

今までは副業禁止が原則だったため、起業するには退職するしかありませんでしたが、これからは選択肢が増えそうです。

週末起業やプチ起業で、サラリーマンの税金が減る?!

これは会社を設立するのではなく、個人事業で起業する場合の話です。

ちなみに、個人事業は税務署に「開業届」を1枚書いて提出するだけですから、5分もあれば、起業家になることができます。

本格的な起業でも、週末起業やプチ起業でも同じ手続きです。

ただ、週末起業・プチ起業をしても、すぐに利益が出るとは限りません。

通常の起業と同じく、最初のうちは、いろいろ学ぶために投資もしますし、人脈を増やすために飲食代や交通費も使うでしょう。チラシや名刺をつくり、販促費を使う人もいるでしょう。

これらの支出だけでなく、すでに持っている携帯電話や車も、仕事で使うようになれば、利用実態に応じて経費にすることができます。

結果として赤字になる場合、給与収入と相殺することができるのです。

つまり、確定申告をすると所得税が戻ってきて、住民税も安くなります。さらに、国民健康保険に加入している場合は保険料も安くなるという得ワザです。

ワザ6

創業前が条件！
知られていない様々な起業の補助金

補助金は、募集が開始されてから締切りまでの期間が意外と短く、準備不足のまま、下手したら情報が入ってこないまま、「そんなのがあったんだ！」で終わってしまいます。

助成金も同じです。「助成金という枠があって、この金額を使ったらもうおしまいですよ」という設定があるので、早い者勝ちということが多々あります。

そこで、皆様に一番に知ってほしいことは、**早めに情報収集することが大切**ということです。

それではいち早く情報収集するにはどうすればいいのかをお伝えします。

補助金であれば、中小企業庁のホームページをチェックすることが一番おすすめです。

「ミラサポ（中小企業庁）」　https://www.mirasapo.jp/

しかし毎日サイトをチェックするのは大変なので、最新の情報がほしい場合は、中小企業庁の**メールマガジン**に登録できるようになっています。

このメールマガジンを登録しておくと、新しい補助金が公表されたら、情報が送られてきますので、ぜひ登録しておくとよいでしょう。

次は助成金です。主な助成金は厚生労働省が管轄しています。厚生労働省は、人の採用や、雇用条件や労働環境の改善に取り組んでいます。

起業した場合でも、最初からパートやアルバイトを雇う場合は関係してきます。人を採用する際に、助成金を申請できることがあるからです。

助成金にはたくさんの種類があるので、その中から選ぶのはなかなか難しいでしょう。ピンポイントで「これは該当するかな？」というものがあったら、それを調べてみる必要があります。

しかし、これだけの種類があると正直、専門家である社会保険労務士でもわかりにくいものです。情報収集し、窓口に聞いてみて、申請できる助成金かどうか、根気よく探してみましょう。

ワザ7 世にも奇妙な「開業費」という節税

「開業費」とは何かというと、「起業する前に使っていた支出も経費になる」というものです。税務会計的な話をすると、繰延資産にして経費にするなど、いろいろ規定はありますが、結論は経費にすることが可能です。

実はこれ、結構盲点なのです。

「起業するまでずっと使っていたものだから、まさか経費になると思わず、経費に計上しなかった！」という例をよく見かけます。

では、いくつか例を見ていきましょう。

Q１：どれぐらい前までさかのぼれるのか？

A１：期間について正式な規定はありません。開業の準備期間は人によって違うからです。しかし、あえて言うなら、開業のおよそ３ヶ月から長くて１年前ぐらいでしょう。

Q２：どんな支出が開業費になるのか？

A２：名刺作成料、打ち合わせ費用、ウェブサイトをつくった費用などです。

要注意なのは、資格取得費用です。税理士など資格がないと開業ができないものについては経費にはなりません。資格を取得して初めて独立できるからです。

反対に、**「必ずしもその資格がなくても開業できるが取得した」という場合、資格取得費用は経費にすることができます。**

また、金額が10万円以上の備品を買う場合や、賃貸物件などの保証金（金額関係なし）を払う場合、これらは経費ではないので、資産計上が必要になります。

ただし、**10万円以上30万円未満の備品に関しては、青色申告をすることを条件に全額経費に入れることができます。**

それからよく計上漏れで損している人が多いのが、開業前から持っていた自動車です。ガソリン代や自動車保険料等は経費に入れられるのは想像できるかもしれませんが、実は**車自体を減価償却することができる**のです。

方法は、使っている自動車を資産に計上して、耐用年数で割って減価償却費を計算します。これが結構大きな金額になることがあるので覚えておいてください。

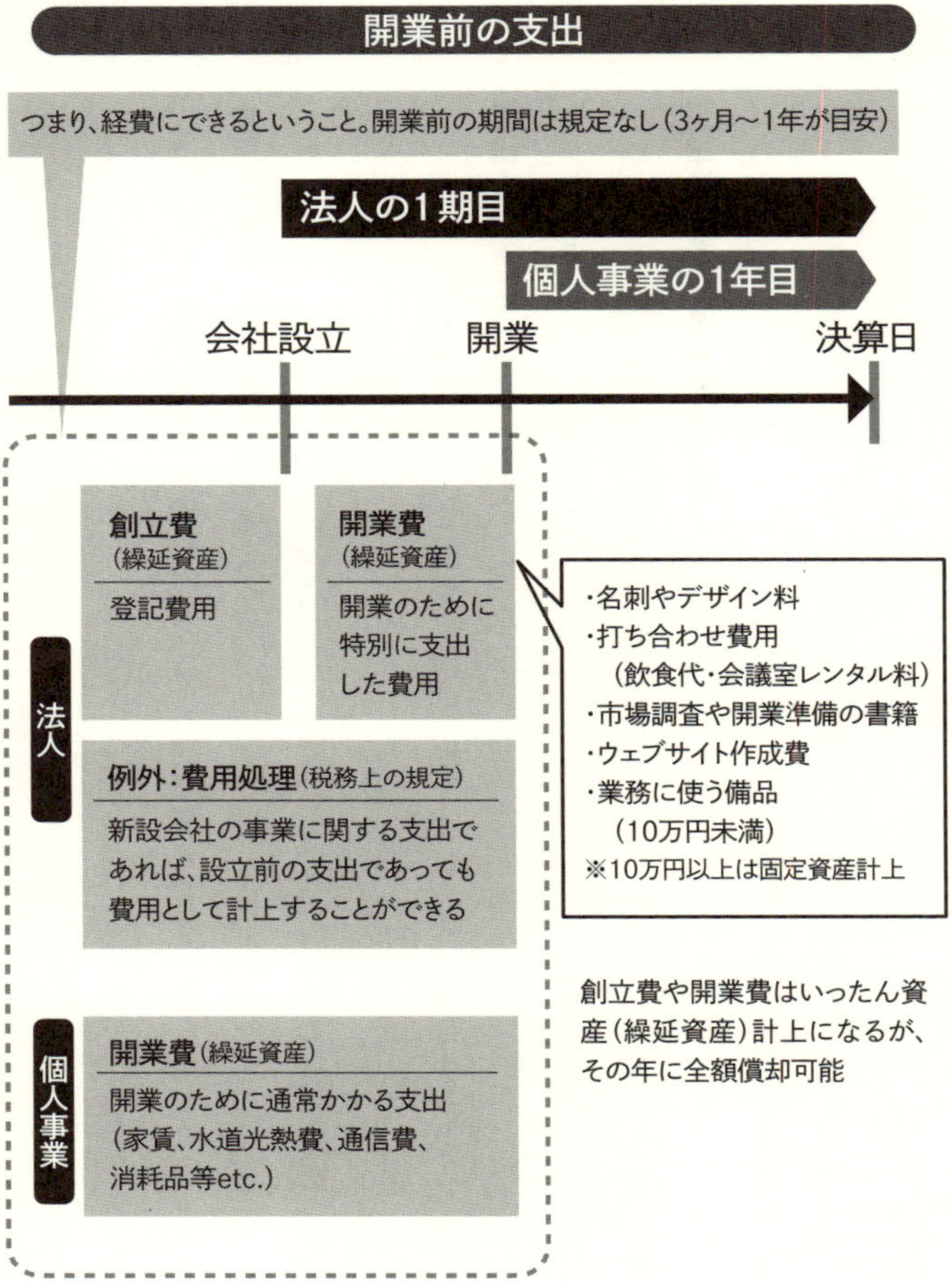
開業前の支出
つまり、経費にできるということ。開業前の期間は規定なし（3ヶ月〜1年が目安）
法人の1期目
個人事業の1年目
会社設立
開業
決算日
法人
創立費
（繰延資産）
登記費用
開業費
（繰延資産）
開業のために
特別に支出
した費用
・名刺やデザイン料
・打ち合わせ費用
（飲食代・会議室レンタル料）
・市場調査や開業準備の書籍
・ウェブサイト作成費
・業務に使う備品
（10万円未満）
※10万円以上は固定資産計上
例外：費用処理（税務上の規定）
新設会社の事業に関する支出であれば、設立前の支出であっても費用として計上することができる
個人事業
開業費（繰延資産）
開業のために通常かかる支出
（家賃、水道光熱費、通信費、
消耗品等etc.）
創立費や開業費はいったん資産（繰延資産）計上になるが、その年に全額償却可能

4章

「個人事業開業」と「法人設立」の損得勘定

ワザ8

起業は「個人事業」と「法人」という選択ができる

そもそも、起業する時には、「個人事業」で起業するか、株式会社や合同会社、一般社団法人などの「法人」で起業するかを選ぶことになります。

そのうち、「個人事業」と「法人」のどちらを選ぶかどうかは、後々の経営や節税等に大きく影響します。そこで両者の違いについて比較してみましょう。

①設立費用

まず、法人は設立するのに諸々のお金がかかります。

［株式会社の場合］　定款の印紙代４万円（電子定款にすれば０円）
　　　　　　　　　　公証人手数料５万円、登録免許税15万円～
　　　　　　　　　　合計20～24万円

［合同会社の場合］　定款の印紙代４万円（電子定款にすれば０円）

公証人手数料0円、登録免許税6万円〜
合計6〜10万円

それ以外に、司法書士や行政書士に依頼すると、別途、報酬が必要になりますが、専用機器で電子定款を作成する場合は、印紙代4万円は不要になります。

一方、個人事業というのは届出1枚なので、何もお金がかかりません。自分で税務署に提出すれば、すぐ開業ができます（厳密には開業してから1ヶ月以内に提出すればOK）。

②決算月

次に、「決算」という年間の締日を決めます。法人は決算が3月とは限りません。何月でも好きな月を決めることができます。一方、個人事業は12月末に限られています。

③節税方法

節税方法にも違いがあります。一般的に、法人は節税方法が多く、また節税効果が高い方法も多いです。

④事業の廃止

事業を廃止する場合は、法人の手続きのほうが非常に複雑になります。設立するよりも廃止するほうが手間がかかるのです。

⑤経営者の給与

自分の会社（法人）であっても、役員報酬として自分に給与が支給できますし、経費になります。一方、個人事業の場合は、その人が事業をしているだけであり、事業用通帳から自分に給与のつもりで支給しても、一切経費になりません。

⑥赤字の繰越

事業で赤字になった場合、翌年以降に黒字になったら、税金計算の上で、過去の赤字分を相殺することができ、税金を抑えられます。

では、何年前の分まで対象かといえば、法人は10年分まで相殺対象ですが、個人事業の場合は3年分しかできません。

⑦赤字の税金

これも起業してから知る人が多いのですが、法人の場合は赤字でも年間約7万円の税金（都道府県民税と市区町村民税）を納めなければなりません。

⑧社会保険加入

社会保険は法人になると加入義務があります。個人事業の場合は従業員5人以上の場合は加入義務が生じますが、5人未満であれば加入不要です。ただし、任意に加入することはできます。

ちなみに、個人事業の飲食店や理美容業、税理士業などの士業は、従業員5人以上でも加入義務がありません。

法人と個人事業の比較

	法人		個人事業	
設立費用	×	株式会社20万円 合同会社6万円 +書士報酬 ※電子定款の場合	○	不要
決算月	○	自由	×	12月末
節税方法	○	多い	×	少ない
事業の廃止	×	解散・清算など 複雑	○	税務署等への 届出のみ
経営者の給与	○	経費になる	×	経費にならない
赤字の繰越	○	10年 ※平成30年4月以後 開始年度から	×	3年
赤字年度の税金	×	最低約7万円/期	○	不要
社会保険加入	×	強制加入	○	5人未満なら任意 ※飲食店・理美容等は 5人以上でも任意

ワザ9 合法的に消費税を支払わない方法

法人にするか個人事業にするかの判断で知っておいていただきたい大きなポイントは、消費税の取り扱いです。

起業時の消費税には「免税」があります。

通常はお客様から消費税をもらった場合、もらった消費税を事業者は国（税務署）に納めます。

お客様からもらうけれど、払わなくていいのが「免税」制度です。

「1年目に売上が1000万円を超えたら、消費税がかかる」ということを聞いたことはありますか？

1000万円であることは知られていますが、「いつから消費税を納めないといけないのか？」という点は意外と知られていません。

実は1年目に1000万円を超えても免税されます。2年目も免税です。

3年目になると、1年前の売上が1000万円を超えていたら課税になります。

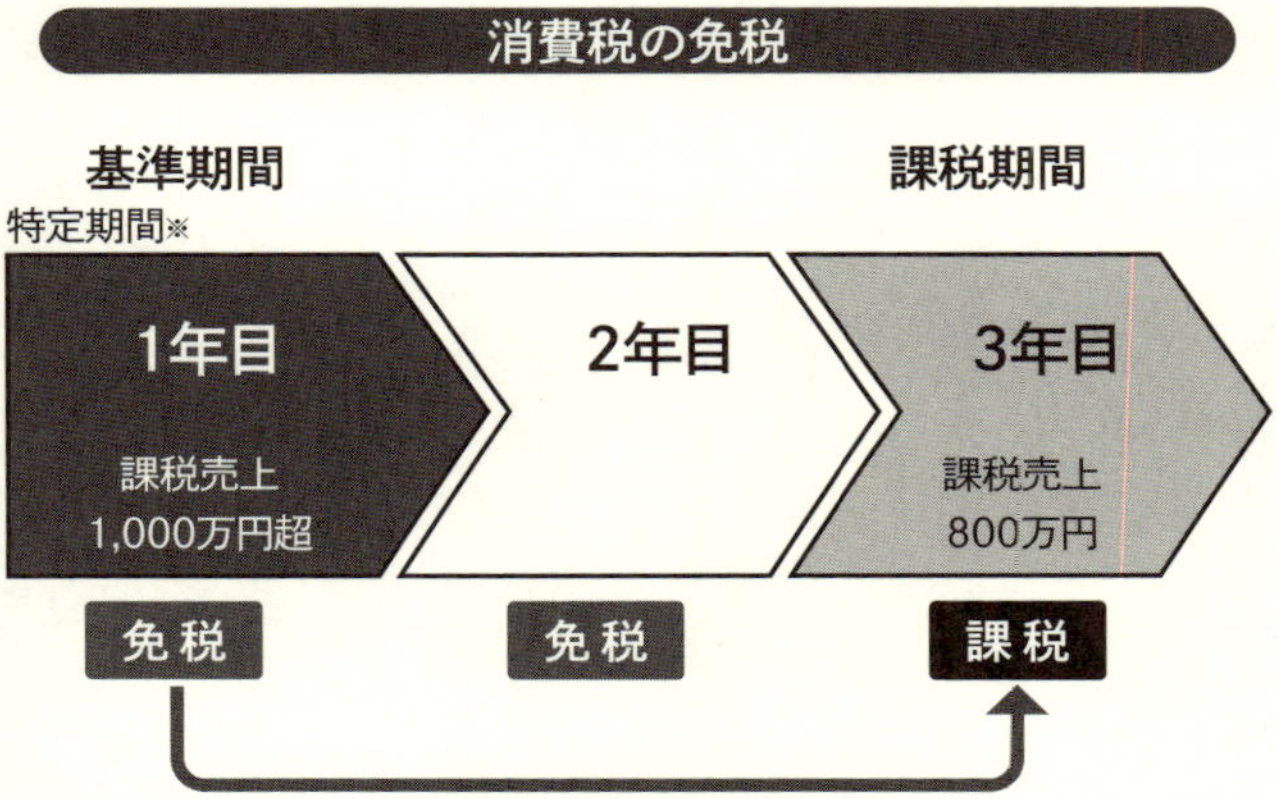

※個人事業の場合…1/1〜6/30　法人の場合…設立後6ヶ月
課税売上および給与等支払額が1,000万円超の場合、2年目から課税!

上の図を見ていただくと、３年目の売上は８００万円です。

「１０００万円を切っているのに消費税を納めないといけないの?」と思うかもしれません。

しかし、２年前に１０００万円を超えているかどうかで判定するので、この年の売上が８００万円だろうと消費税は納めないといけません。

では、いくら納めるのでしょうか。

それは、この年(３年目)の売上８００万円をもとに消費税を計算します。

ここからは、多くの税理士が提案するテクニックです。

消費税を最大約４年間、免税にできる方法が

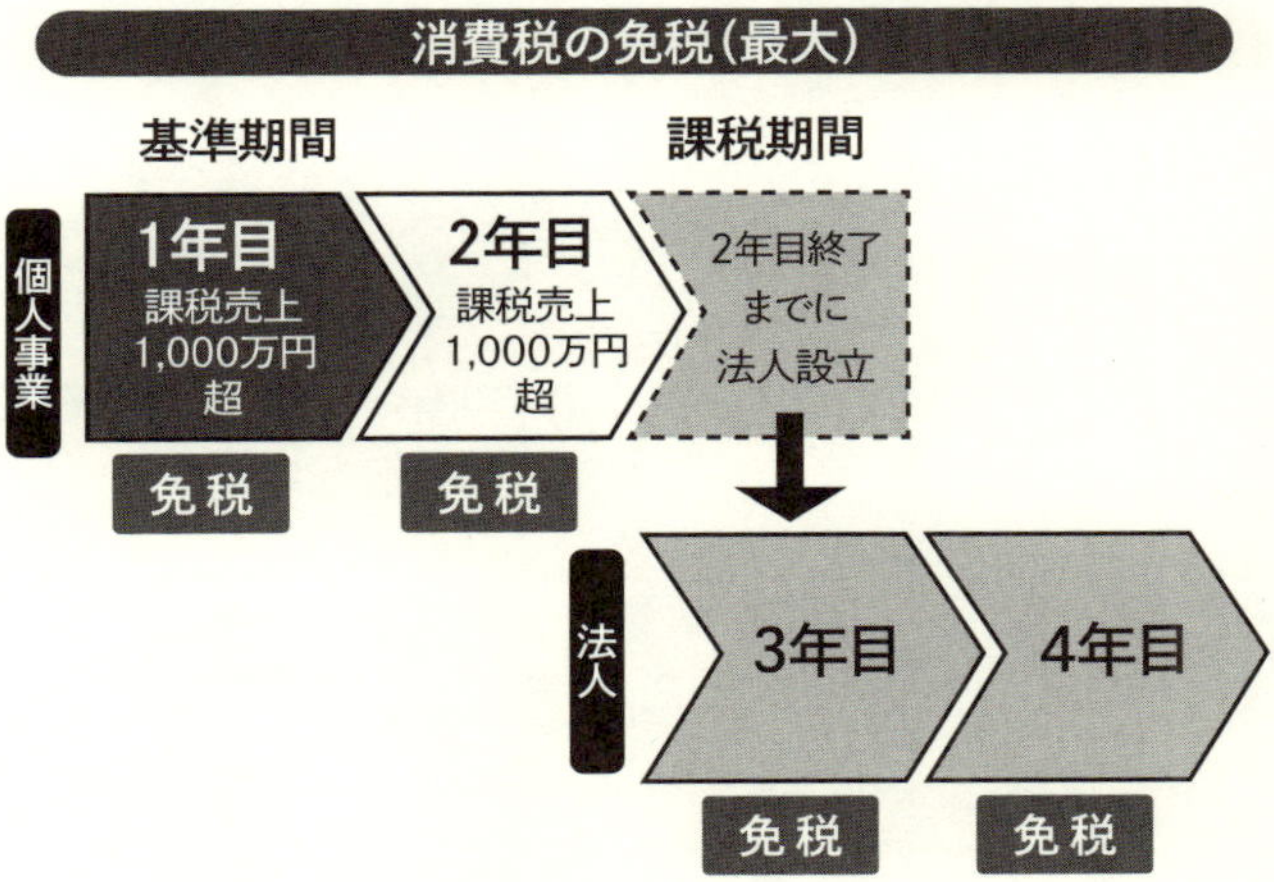

あります。

1年目の売上が１０００万円を超えたら、３年目から消費税がかかります。

ですが、３年目になる前、つまり2年目の終了前に法人を設立したとします。

設立する時、資本金を１０００万円以上にすると消費税が免税になりませんので、資本金は１０００万円未満にします。

個人事業との通算では3年目・4年目になりますが、法人を設立すると一度リセットされます。つまり、法人からみれば1年目・2年目ですので、やはり免税になります。

このため私は、「まずは個人事業で開業し、もし1年目で１０００万円を超えるようだったら、３年目から法人にするかどうかを検討しましょう」とアドバイスしています（許認可が必要な業種などは、法人でスタートしたほうがよい場合があります)。

しかし要注意事項があります。

2年間(正確には2期間)は必ず免税になるかと言えば、2年目から課税になってしまう場合があります。それは、1年目のうちの6ヶ月間で課税売上が1000万円、かつ給与賞与が1000万円超の場合、2年目から課税になってしまうのです。

もし該当すると大きく損してしまうのでお伝えしておきます。

ワザ10 これを無視すると損得逆転！ 社会保険負担

起業する方から相談されて、「法人がいいのか？」それとも「個人事業がいいのか？」をシミュレーションすることがよくあります。

シミュレーションでは税金ばかりがクローズアップされますが、実は正しい計算をするなら、**税金だけでなく社会保険も考慮して、有利か不利かを計算しないといけません。**

税金だけを考えた場合は法人が有利だったのに、社会保険も考慮に加えると、一転して法人が不利になるケースをシミュレーションでよく見かけます。

いったいなぜでしょうか？　利益600万円（役員報酬480万円／年）の場合で見てみましょう。

法人は役員報酬を支給すると経費になりますが、もらった本人には所得税・住民税がかかります。そのため、法人の場合は「法人」と「本人」を合算して、個人事業と比較します。

これを無視すると損得逆転！ 社会保険負担

【例】利益600万円 物品販売業、35歳独身

個人事業の場合

所得税	430,200円	税金 1,017,100円
個人事業税	155,000円	
住民税	431,900円	
国民健康保険	522,800円	社会保険 725,600円
国民年金	202,800円	
	合計	1,742,700円

法人の場合

役員報酬 480万円/年

法人

法人税等	183,500円
社会保険負担	693,966円
合計	877,466円

本人

所得税	129,700円	税金 354,800円
住民税	225,100円	
健康保険	243,786円	社会保険 693,966円
厚生年金	450,180円	
	合計	1,048,766円

それでは、上記を税金と社会保険でそれぞれ比較してみましょう。

税金の比較

個人事業の場合は101万7100円の税金に対して、法人の場合は、法人の税金18万3500円＋本人の税金35万4800円＝53万8300円になります。

税金だけを考えると、法人の場合のほうが約48万円の節税になります。

社会保険の比較

個人事業は基本的に国民健康保険と国民年金のセットです。

一方、法人は健康保険と厚生年金のセット、いわゆる社会保険です。

社会保険料は、会社と本人で折半になりますが、会社が半分負担するといっても、そもそも自分の会社です。自分で納めているようなものなので、その分も一緒に考慮します。

結果、法人のほうが約66万円負担増になります。

トータルで比較

税金と社会保険料のトータルで比較してみると、法人のほうが、約18万円不利になりました。

社会保険料を考慮すると、このような結果になることが多いです。

このシミュレーションは、社長だけが社会保険に加入した場合の話ですが、奥さんや従業員も社会保険対象となれば、さらに法人のほうが不利になります。

ただ、それ以上に法人はメリットがありますので、それも含めて検討することをおすすめします。

税金＆社会保険負担　比較結果

【例】利益600万円　物品販売業、35歳独身

個人事業の場合

税金	1,017,100円

法人の場合

役員報酬480万円/年

税金 法人	183,500円
税金 本人	354,800円
合計	538,300円

税金は ▲478,800円

国保&国年	725,600円

社保 法人	693,966円
社保 本人	693,966円
合計	1,387,932円

社保は +662,332円

税金	1,017,100円
国保&国年	725,600円
合計	1,742,700円

税金	538,300円
社保	1,387,932円
合計	1,926,232円

結局 +183,532円（増加）

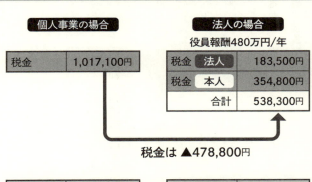

ワザ11 共同経営はＮＧ？

「二人で起業したいんですけど」という相談をよく受けます。

人にはそれぞれ得意分野があります。つくるのが得意な人と、営業が得意な人がいた場合、その二人が組めば弱いところを補うことができるでしょう。

しかし、**二人三脚で結ばれていたたすきも、それぞれに自力がつくとやがて外れていきます。**

では、共同経営はしないほうがよいのでしょうか？

私の答えは共同経営はＮＧです。ただし、共同で「経営する」ことはＮＧですが、共同で「仕事する」こと自体までは否定しません。

それでは、「そもそも共同経営とは何か？」という話をしましょう。

「経営する」ということは次の２つのことが大きく関係します。

①誰がオーナー（出資者）なのか？

②誰が社長なのか？

この２つは同じ人が担うべきです。どちらか一人が社長になり、社長になった人が全額出資することが望ましいです。

それぞれについて、注意点をお伝えします。

まず①ですが、よく相談を受けるのが「平等に出資する」という方法です。

これはまさに二人が対等なオーナー関係です。しかし、後々、困ったことが起こります。

例えば友人と100万円ずつ出資をして、会社を設立したとします。

最初はうまくいっていたけれど、途中で仲間割れをし、一人が会社を辞めるとなった時、「出資した100万円を返してくれ」と当然言うはずです。

その時に、いくら返せばいいと思いますか？　100万円でしょうか？

違います。

仮に、起業後2年しか経っていないとします。たった2年前だとしても、2年前の100万円が、今の価値と同じとは限りません。**株価評価が必要です。**上場企業なら株価が公表されていますが、小さな会社でも株価を計算しないといけません。**株価計算をしたら、100万円より増えることも減ることもあります。**

しかし、出資を返せと言う時は、だいたい仲が悪くなっている時です。

「返してくれ！」と言われているのに、「いやいや、税理士が計算したら、評価が1万円だったから……」と返答すれば必ず揉めます。

そして、もうひとつ②について。

そもそも「社長」という法的な肩書きはありません。これは通称です。法的には「代表取締役」です。

一人で起業すると、普通は「取締役」と名乗りますが「代表取締役」と名乗ることもできます。

時々、「代表取締役社長」とか「代表取締役会長」という肩書（通称）を見かけますが、「代表」に就く人が会社に二人いることはおすすめしません。従業員から見ても外部から見ても、どちらが最終決定者かわからないからです。

共同経営のベストアドバイス

それでも、どうしても共同経営にしたい場合、揉め事を減らす方法をお教えします。

最初に、どちらが代表取締役（社長）になるのか決めましょう。

そして、代表取締役のみ出資します。

もう一人は、同額出してもらって構いませんが、**そのお金は会社への貸付（会社から見て、個人からの借入という仕訳）にしましょう。これは、いつまでに返済しないといけないという決まりはありません。**

これなら、その人が脱退する時でも、借りた金額（前述の例なら100万円）をそのまま返金できます。

ちなみに、共同経営というのは「法人」の場合の話です。

「個人事業」にはそもそも共同経営は存在しません。どちらかが事業主になり、もう一人は雇用されるか、または、もう一人も個人事業として起業することになります。この場合は、それぞれが起業するので共同経営とは言いません。

ワザ12

節税になる届出 その1「青色申告」

「節税」とは、売上をごまかして少なくしたり、私的な支出を強引に経費にしたりすることではありません。それらは「脱税」です。

そんな危ないことをしなくても、節税方法はたくさんあります。

その中で「合法・簡単・持続性あり」という三拍子揃った節税方法、それが「届出書」です。

会計や税務上、事前に税務署に届出をしておくことで認められる処理があります。それらをうまく活用するのです。

「白」ではなく「青」を選びましょう

開業し、何も届出をしないと自動的に白色申告になりますが、「青色申告」のほうが何かと有利です。

そこで、**「所得税の青色申告承認申請書」**を税務署に提出し、青色申告にしてみましょう。

青色申告には提出期限があります。個人事業は開業から「2ヶ月」以内、法人は開業から「3ヶ月」以内です。期限が違うので要注意です。なお、細かい点ですが、個人事業で

1月1日から1月15日までに開業した人は、その年の3月15日までと提出期限が少し延びます。

もし期限内に提出を忘れると、その年は青色申告にできず、翌年からになります。

ちなみに、平成25年までは白色申告だと難しい帳面をつける必要がなく計算が簡単でしたが、平成26年から白色申告でも記帳しないといけなくなりました。

そのため、白色申告と青色申告との煩雑さに大きな差がなくなりました。

それなら、迷わず「青」を選びましょう。

青色申告の特典（主なもの）

〈特典1〉30万円未満の資産が全額経費に

例えば、15万円の新品のパソコンを買った場合、通常はその年に15万円全額が経費になりません。なぜなら、パソコンは何年も使用できるからです。そういう特性のものは会計上、「固定資産」と呼ばれます。

固定資産の中でも、価値の減るものと減らないものがあります。価値が減るものを「減価償却資産」と言います。減価償却資産は、数年にわたって価値が減っていく分を経費（減

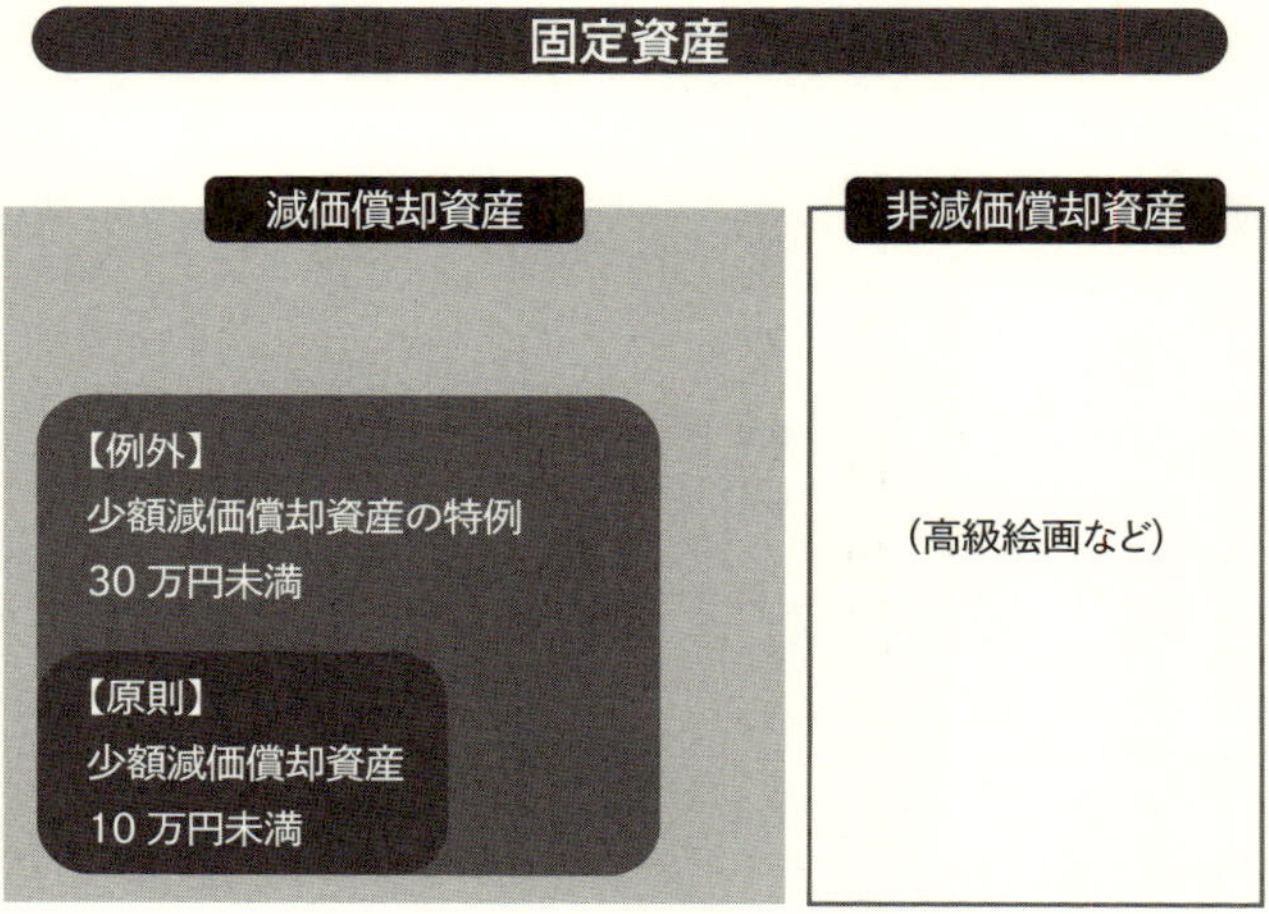

価償却費）として計上します。

何年使用できるのかどうか（耐用年数）の判定は、税務署が決めています。例えば、新品のパソコンなら4年です。

100円のシャープペンシルだって、芯を替えれば何年も使用できますが、少額なものまで減価償却計算するのは、手間がかかりすぎます。

そこで、税務署が「10万円未満だったら、気にせずに全額経費（消耗品費）にしてもいいよ」と決めています。それを「少額減価償却資産」と言います。

反対に、10万円以上ならば「減価償却資産」になります。

なお、青色申告を選択していれば、**特典とし**

て全額経費になる上限が10万円から30万円にアップします。これを「少額減価償却資産の特例」と言います。

先ほどの新品のパソコン15万円でも、青色申告なら全額経費にできるということです。

現金購入ではなく、ローンやカード支払いでも大丈夫です。つまり、まだ全額支払っていなくても30万円未満なら全額経費にできるのです。

そのため、利益がたくさん出る年には、この特例を使って節税することがよくあります。

「それなら、パソコン30台購入してしまおう！」と思うかもしれません。

パソコンなら1台当たりで判定しますので、もし3台購入（45万円）しても全額経費になります。ただし、この特例は年間合計３００万円までが上限です。30台購入（４５０万円）しても、３００万円を超えた資産は通常の減価償却をすることになりますので注意しましょう。

〈特典2〉欠損金の繰越控除&繰戻還付《くりもどしかんぷ》

まずは、「欠損金の繰越控除」という制度があります。

過去に赤字（欠損金、損失）があると、その年の所得と相殺してくれるという特典です。

もし、その年の所得より、過去の欠損金のほうが多ければ、税金が発生しないということになります。

ただし、欠損金はどんなに古くてもよいわけではなく、法人の場合は過去「10年」、個人事業では過去「3年」までです。

この特典は、起業家にとっては非常に有効活用できます。

なぜなら、起業した年はいろいろ支出も多く、売上もまだ少ない場合があります。

2、3年経って利益が出てきた時に、過去の欠損金と相殺してくれるので、その分、税金が軽減されます。利益が出てきたとはいえ、まだまだ軌道に乗っていると言えない不安定な時期に税金を払うと、なかなか手元にお金が残らないので、この制度は助かります。

なお、注意点として、初年度は白色申告で、2年目から青色申告を適用する場合は、初年度が赤字でも、その赤字は2年目以降の利益と相殺できません。

次は、欠損金の「繰戻還付」です。

こちらは、欠損金が生じた年の前年に戻って、すでに納めた法人税から、欠損金の分だけ還付を受けることができるという制度です。

この制度は、繰越控除との選択になります。もし繰戻還付を選択して、前年の利益より当年の欠損金のほうが大きければ、余った分は繰越控除が使え、翌年に繰越しできます。

〈特典3〉 確定申告での節税 （個人事業のみ）

これは個人事業の税金「所得税（確定申告）」のしくみ自体が節税の特典になっています。以下のどれかひとつでも実行すると所得税は減るのです。

① 所得を減らす

所得とは利益のようなものです。「売上－必要経費＝所得」で計算します。

② 所得控除を多くする

所得税の計算はまず課税所得を算出します（所得－所得控除＝課税所得）。そして課税所得に税率をかけて所得税を計算します（課税所得 × 所得税率＝所得税）。

所得控除の代表的なものは扶養控除や社会保険料控除などです。

③ 税額控除を使う

所得税を計算した後に、特別にさらに税額を控除してくれるものがあります。代表的なものは住宅ローン控除です。

所得税のしくみ

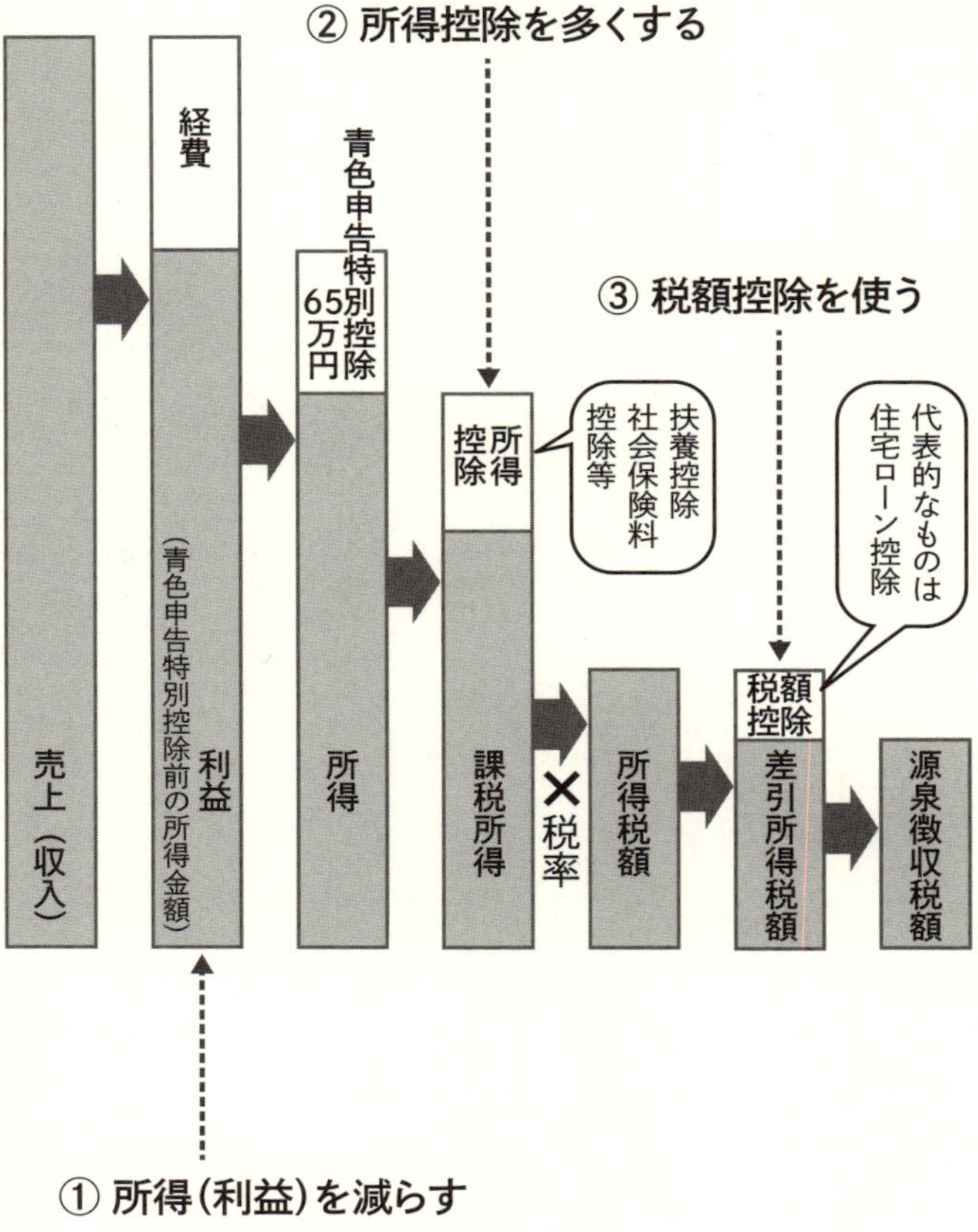

② 所得控除を多くする
③ 税額控除を使う
経費
青色申告特別控除65万円
所得控除
扶養控除
社会保険料控除等
代表的なものは住宅ローン控除
税額控除
売上（収入）
利益
（青色申告特別控除前の所得金額）
所得
課税所得
×税率
所得税額
差引所得税額
源泉徴収税額
① 所得（利益）を減らす

〈特典4〉青色申告特別控除

青色申告にすると、青色申告特別控除が使えます。金額は10万円と65万円があります。

事業を営んでいる人なら、複式簿記で記帳することで、65万円控除を選択できます。税金が65万円安くなるわけではありません。経費が65万円もらえると思ったほうがわかりやすいでしょう。

先ほど、所得控除を説明しましたが、ここには分類されず、次のようになります。

売上－必要経費－青色申告特別控除＝所得

所得税が発生しない人は別として、**最低でも５・１０５％（復興特別所得税含む）の税率で税額が計算されます。そして、必ず連動するのが住民税。住民税（所得割）は一律10％です。さらに、国民健康保険に加入していると、ここにも連動します。**

以上から、青色申告特別控除65万円の効果は最低でも、

所得税　３万３１８２円
住民税　６万５０００円

国民健康保険　6万6235円（例：40歳未満）

なんと！　合計16万4417円もの節税になるのです。もっと利益が出る人なら、もっと節税効果が高くなります。

青色申告の記帳義務が面倒なら、税理士へ依頼しても、節税になる金額より安い費用で依頼できるかもしれません。

〈特典5〉　家族に給料が払える

一緒に働いている家族に給与も支払っても、税務署は必要経費として認めてくれません。認めてもらうためには、青色申告にしなければなりません。

所得税は個人ごとに計算します。その人の課税所得が高くなると税率も上がります。つまり所得負担が大きくなります。

ということは、事業主ばかり所得（課税所得）が高くなるより、なるべく家族で分け合ったほうが家族合計の所得税が安くなるという計算になります。

ワザ13 節税になる届出 その2「減価償却」

減価償却の話を前述しました。この減価償却の計算方法ですが、「定額法」と「定率法」の2種類があります。

「定額法」とは、固定資産を当初購入した金額（取得価額）をもとに、耐用年数で割って計算します。

つまり、毎年の減価償却費は同額になります。

一方、「定率法」とは、毎年はじめに残っている金額（未償却残高）をもとに、定額法の2倍の率をかけて計算します。

では、具体的な例で見ていきましょう。

計算例：取得価額（購入価格）１００万円、耐用年数10年の場合

それぞれの減価償却費の計算は、次ページの表の通りです。

減価償却の計算

	定額法	定率法
1年目	100万円×0.1 =100,000円	100万円×0.2 =200,000円
2年目	100万円×0.1 =100,000円	(100万円−20万円)×0.2 =160,000円
3年目	100万円×0.1 =100,000円	(100万円−20万円−16万円)×0.2 =128,000円
4年目	100万円×0.1 =100,000円	(100万円−20万円−16万円−12.8万円)× 0.2=102,400円
5年目	100万円×0.1 =100,000円	(100万円−20万円−16万円−12.8万円− 10.24万円)×0.2=81,920円

※6年目以降省略

減価償却費は年々減っていく

定額法と定率法のイメージ

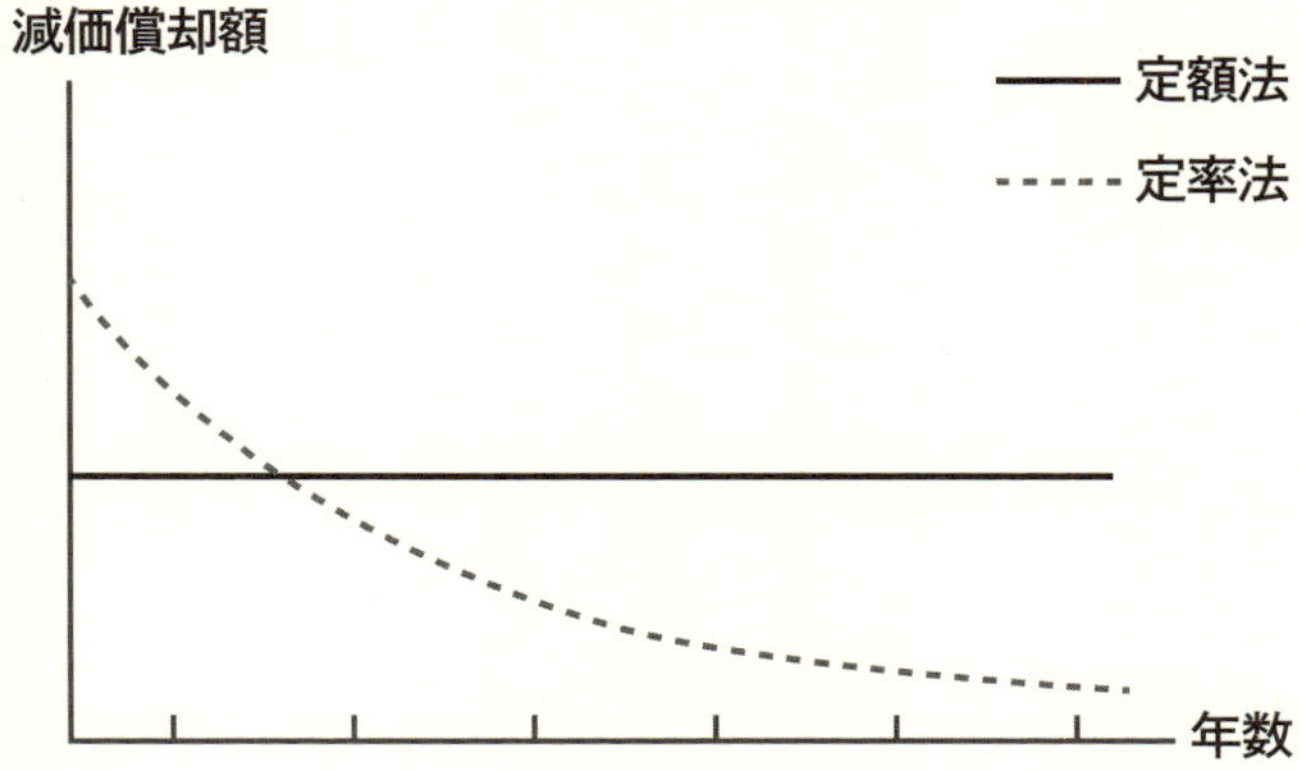

計算するもとになる金額に違いがあります。定率法の未償却残高は、購入した金額から、それまでの償却費を引いた金額です。

そして、定額法の償却率（0・1）×2倍＝0・2が、定率法の償却率になります（表は6年目以降省略）。

10年経過すれば、どちらの方法もほぼ同じ金額になりますが、途中が違います。

右ページ下のイメージ図がわかりやすいでしょう。

つまり、定率法を選んだほうが早めに経費にできるというメリットがあります。

届出をしないと、個人事業の場合は「定額法」、法人の場合は「定率法」が自動的に選択されます。

そのため、個人事業の人が「定率法」を選ぶためには、税務署へ確定申告期限（翌年3月15日）までの届出が必要です。

ワザ14 専業主婦を役員にするのはダメ？

ほとんどの零細企業の役員は、代表者のみ、または代表者の親族で占められています。外部の人が役員になるケースは本当に少ないです。

そもそも、役員と従業員の違いについて説明します。

役員というと、「社長」や「会長」というイメージが強いかもしれません。しかし、これらは法律上の名称ではありません。

役員は、会社法という法律で決められています。種類は「取締役」「会計参与」「監査役」の3つがありますが、「取締役」が一般的でしょう。

「取締役」が何人かいる場合には、代表を決めます。それが「代表取締役」です。一般的には「代表取締役」を「社長」と通称で呼ぶことが多いです。

サラリーマンが出世すると、取締役に昇格するイメージですが、実際には従業員とは別の働き方になります。

まず、「労働者」ではなくなります。就業時間の決まりはありません。

一見よさそうですが、反対に、どれだけ働いても残業代は出ません。基本的に賞与もありません。雇用保険や労災保険にも入れませんので、失業手当も出ませんし、業務中の怪我も全額自己負担となります（労災保険に特別加入する場合を除く）。

取締役は、職責を全うせずに顧客等に損失を与えたり、悪意や重大な過失で損害を与えたりした場合には、損害賠償を負うことがあります。

ただ、会社が倒産した場合は、法的に借金を背負う必要はありません。

しかし、会社が金融機関から融資を受ける際に、取締役（特に代表取締役）が連帯保証人になることがあります。その場合は個人的にも借金を背負うことになります。

奥様を役員に入れるべきか？

ここからが本項の本題です。男性が経営するケースと想定してお話します。

①奥様が自社にタッチしていない場合

実は、奥様が他社で働いていても、役員にすることができます。

しかし、自社にタッチしていないので、役員報酬を支給することはできません。逆に言うと、役員報酬を支給しなくても、役員として登記することは可能です。奥様が専業主婦の場合でも、役員とすることができます。

いずれ奥様も経営にタッチするかもしれないという可能性がある場合、その時に、改めて登記手続きをするよりは、最初から役員に名を連ねておくほうがよいでしょう。

②奥様が自社にタッチしている場合

自社にタッチしているので、役員報酬を支給することもできます。

他社で正社員として働いていても、兼務することは可能です。いわゆる非常勤役員という立場になります。

問題は、役員報酬を支給したほうがいいのか、という点です。

税務的には、まず奥様本人は、２ヶ所から報酬が支給されるため、確定申告が必要になります。その結果、年収が大幅に高くなると、所得税は所得が上がるにつれて税率も高くなるため、あまり有利とは言えません。

奥様が他に働いていなければ、役員報酬を支給したほうがいいでしょう。確定申告も不要です。

ワザ15 「個人事業か法人」ではなく「個人事業と法人」という節約方法

このワザは、聞いたことがないかもしれません。

本章の最初で、個人事業と法人、どちらを選ぶか、という話をしましたが、その中で、社会保険料を入れると結局、法人は不利になる場合が多いとお伝えしました。

そこで、「個人のほうがよいのだ」と思われたかもしれませんが、「個人事業と法人の2つを使える人」の場合は、これからお話する方法をぜひ検討してみてください。

ちなみに、個人事業と法人の2つを使える人とは、「2つの事業をしている人」です。その2つが、製造業と飲食業のように、まったく別業種でなくても大丈夫です。

例えば、私のような税理士事務所の場合、通常は税務顧問としてのアドバイスや決算書の作成をします。しかし、セミナーを主催する場合、知識内容は似ていますが、対象となるお客様が違います。仕事内容もセミナー業やコンサルティング業になりますので、通常業務とは少し違います。この場合、別会社を持つことが可能です。

開業時、法人を設立するとして、その際、起業で予定しているすべての事業を法人に移行せず、一部を個人事業として開業します。

この際、どちらの事業も規模が半分半分とは限りません。ですから、どちらの事業を法人にしたほうがいいのかをシミュレーションしたほうがよいでしょう。

主な判断材料になるのが、次の2つです。

①社会保険

②消費税

判断材料① 社会保険

社会保険（健康保険と厚生年金）に加入すると、国民健康保険や国民年金には加入することができません。

国民年金は定額ですが、国民健康保険は世帯の所得により保険料が変わります。つまり、所得が高いと保険料も高くなります。

一方、社会保険料は月の給料で決まります。例えば、法人の給与を10万円にしたとします。そうすると個人事業と法人の社会保険料の合計は、年間54万６９３６円になります。

判断材料①　社会保険

個人事業

利益 600 万円

国保&国年	725,600円

法人のみ

役員報酬
40 万円 / 月として

社保 法人	693,966円
社保 本人	693,966円
合計	1,387,932円

個人事業と法人

役員報酬
10 万円 / 月として

社保 法人	273,468円
社保 本人	273,468円
合計	546,936円

個人事業分に対して、
国保&国年は発生しない

個人事業のみと比べても
178,664 円有利
法人のみと比べると
840,996 円有利

※2つに分ける合理性が必要

会社で社会保険に入っていれば、同じ人が個人事業と法人との両方を経営していても、個人事業では国民健康保険・国民年金がかかりません。個人事業でどれだけ利益が出ていようともです。

役員報酬10万円で、法人負担個人負担はありますが、この金額で済みます。

結果的に個人事業だけの場合（72万５６００円）と比較しても、約18万円下がります。法人だけの場合と比較すると、実に約84万円も下げることができるのです。

判断材料②　消費税

消費税も、分けるとメリットが出る可能性があります。

課税売上が１０００万円以下なら、消費税が免税になると前述しました。

もし、３年目に年間売上が１６００万円あれば、その２年後消費税がかかります。

ここで個人と法人とに分けます。

仮に、個人事業が売上７００万円、法人が売上９００万円の２つの事業に分かれたとします。

そうなると、両方とも１０００万円以下のため、２年後は免税になります。その後、ずっ

判断材料② 消費税(免税)

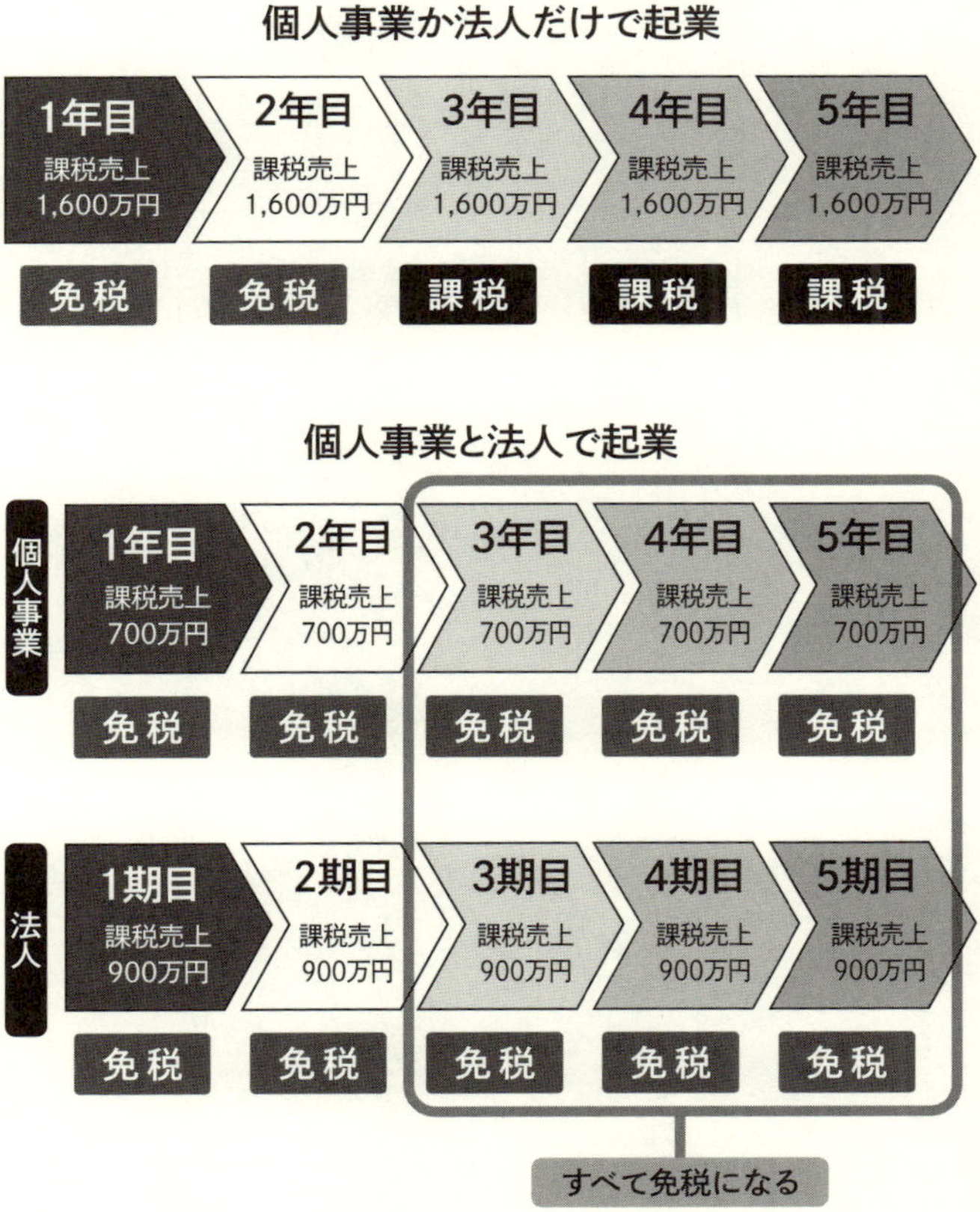
個人事業か法人だけで起業
1年目 課税売上 1,600万円
2年目 課税売上 1,600万円
3年目 課税売上 1,600万円
4年目 課税売上 1,600万円
5年目 課税売上 1,600万円
免税
免税
課税
課税
課税
個人事業と法人で起業
個人事業
1年目 課税売上 700万円
2年目 課税売上 700万円
3年目 課税売上 700万円
4年目 課税売上 700万円
5年目 課税売上 700万円
免税
免税
免税
免税
免税
法人
1期目 課税売上 900万円
2期目 課税売上 900万円
3期目 課税売上 900万円
4期目 課税売上 900万円
5期目 課税売上 900万円
免税
免税
免税
免税
免税
すべて免税になる

と売上の増減がなければ、免税が続きます。

まったく同じ方法が簡易課税にも使えます。

消費税が課税されると、一般課税と簡易課税をどちらか選択します。

一般課税とはもらった消費税から払った消費税の差額を納める方法です。一方、簡易課税とは、業種により売上の90%〜40%を控除して納める方法です。

人件費が多い業種だと支払う消費税がないので、簡易課税のほうが有利になる傾向があります。

この簡易課税ですが、その年がはじまる前に選ばないといけません。

有利不利の結果が出てから選ぶことはできないのです。

こちらは、課税売上が5000万円を超えると使えません。先ほどの1000万円の基準が今度は5000万円になってきます。

例でお話しします。

1年目に所得が7000万円あると、すでに1000万円を超えているので、3年目は課税されます。

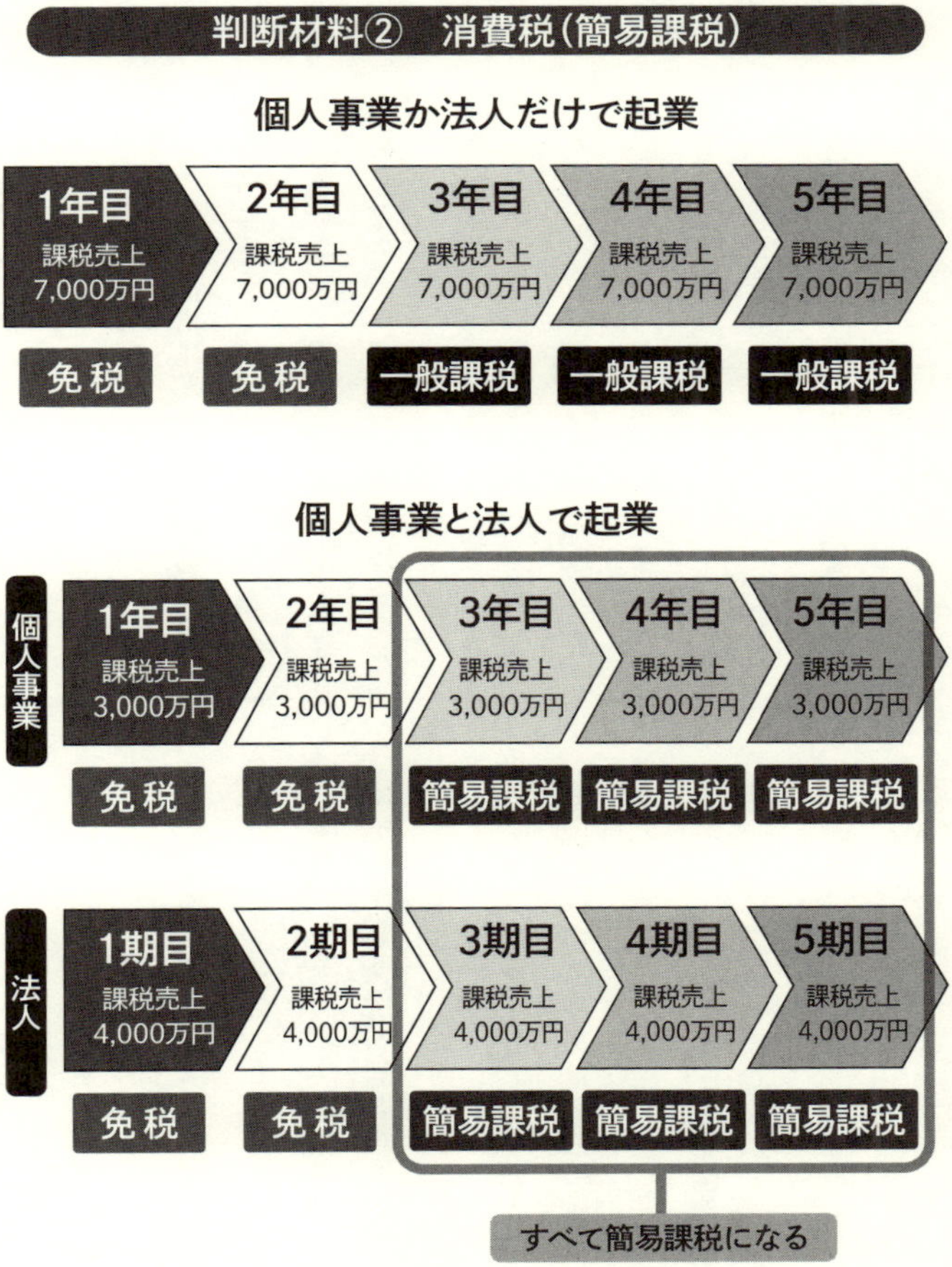
判断材料②　消費税（簡易課税）
個人事業か法人だけで起業
1年目 課税売上 7,000万円
2年目 課税売上 7,000万円
3年目 課税売上 7,000万円
4年目 課税売上 7,000万円
5年目 課税売上 7,000万円
免税
免税
一般課税
一般課税
一般課税
個人事業と法人で起業
個人事業
1年目 課税売上 3,000万円
2年目 課税売上 3,000万円
3年目 課税売上 3,000万円
4年目 課税売上 3,000万円
5年目 課税売上 3,000万円
免税
免税
簡易課税
簡易課税
簡易課税
法人
1期目 課税売上 4,000万円
2期目 課税売上 4,000万円
3期目 課税売上 4,000万円
4期目 課税売上 4,000万円
5期目 課税売上 4,000万円
免税
免税
簡易課税
簡易課税
簡易課税
すべて簡易課税になる

課税されても1年目が5000万円超のため、簡易課税が使えません。つまり、一般課税で納めます。

そこで、個人事業と法人に分けて開業すれば、当初の2期は免税になってきます。先ほどと同じ方法です。

例えば、4000万円と3000万円の2つの事業に分かれたとします。

そうなると、5000万円以下のため、2年後は簡易課税が選択できます。

当初から分けたほうがいいかどうか、一度シミュレーションしてみるとよいでしょう。

ただし、2つに分ける合理性が必要です。節税節約のためだけに強引に区別すると、税務署から否認される恐れがあるので気をつけましょう。

実際に税務調査が入ったケースを知っています。「なぜ2つに分けるのですか?」という理由を確認するためです。

合理的な基準を説明する必要があります。例えば、分けたほうが経理上の管理がしやすいとか、事業ごとの損益を見るために会社を明確に分けている、という理由が必要です。

5章

知らないと損得に大きく影響する「融資」Q＆A

ワザ16 資金は借りたほうがいい？ 借りないほうがいい？

金融機関からの融資、つまり借入をするということについて、丸1章を割いて、説明していきたいと思います。

「借入をする予定がない」という方も、ぜひ読んでください。

なぜなら、「借入」という方法をどう活用するかどうかで、今後の事業展開が変わってくるからです。極端に言えば、30年後の事業規模が何百倍も変わってくることもある話だからです。

借入は道具

借入は道具です。**道具なので、必要なら使えばよいですし、使わなくてもよいです。**

ただし、借入は使い手を選びます。うまく使えば道具は武器にもなりますが、使い方を間違うと苦しむという性質があります。

借入は「よい悪い」ではなく、「どう使うかが大切」ということです。

借入というと、どうしても悪いイメージがありますが、事業をはじめると、決してそうではないという話をこれからしていきます。

借入は「時間を買う」のと同じ

「絶対に借金はしてはいけない」と、多くの人が両親などから一度や二度は言われたことがあるのではないでしょうか？

これは基本的には正しいです。その根底には、「借金をしてまで買いたい物を買ってしまうクセをつけてはいけない」という親心であり、金銭教育のひとつと言えます。

しかし、起業の場合は話が別です。

「借入」という方法をどう活用するかどうかで、事業展開が変わるからです。

例えば、カフェをオープンする場合、内装費や厨房機器、広告宣伝費などに初期費用として500万円が必要だとします。

500万円を貯金してからスタートすれば、無借金経営です。

しかし、資金全額を貯めてから起業するのは、業種や規模によっては難しいこともあります。仮に毎年100万円を貯金したとします。そうすると、500万円貯金するのに5年かかります。

ところが、もし100万円を貯金したところで、400万円を借りれば、1年で起業できます。その400万円は、今後毎年100万円を返済すれば、利息以外は同じ計算と時間になります。

むしろ、勤務時代の給料が低くて貯めるのも難しい場合、起業後のほうが楽に貯められる（返済できる）かもしれません。

これは、「時間を買った」ということになります。

その差は金額で見れば、金利だけの差です。今の時代は、低金利なので、まだ準備できていないお金を先に借りてしまうのもひとつの方法です。

それが、「借入は時間を買う」と言える理由です。

成長企業は借入が減っていない？

例えば、サラリーマンの時にとても給料が少ないとします。とてもではないけど、このままでは生活できないからから起業するという人がいます。

この場合、いっそのこと起業して稼ぐほうが貯金しやすいでしょう。

成長企業は借入が減っていないという事実があります。そのカラクリはこうです。例えば最初に500万円借りたとします。そして、最初の年間売上は3000万円。しかし、これが10年経てば売上30億円の会社になっているかもしれません。

30億円規模の会社にとって、５００万円の借入は微々たるものです。

そして会社の規模が大きくなっていくに従い、借入が増えていくことも多いです。これは、悪いことかと言えば、適正な借入であれば問題ありません。

もちろん、借入ですから毎月返済しています。だから借入残高は減っていきます。

ただ、**返済途中にまた設備投資などで新規の借入をするので、結果として借入残高は増えていくという状態です。**

ついつい借入を減らすこと、借入残高を0円にすることばかり考えてしまいますが、借入という道具をうまく使えば、企業の成長を早めることが可能になります。

長く借りて、短く返す

私が最初に勤めていた会計事務所の先生は、若くして会社を県内トップ規模に成長させた人でした。

その先生が実践していたのは「長期で借りて短期で返す」という方法でした。

短期で返すとは、**返済しながら貯金をして、完済できる余裕ができたら一括返済するという方法です。**

多くの人は早く返そうと思って、返済期間を短くしてしまいます。でも、もし返せなくなったら、その企業は銀行のブラックリストに載ってしまいます。

つまり、**「早く返す『努力』をするのはいいが、早く返す『契約』をするのは避けたほうがよい」**ということです。

なぜかといえば、事業をしていると、サラリーマンとは違い収入に波があります。収入が少ない月でも返済ができるように、余裕を持たせておくことが大切なのです。

実務的な話をすれば、一括返済がNGという借入もありますので、金融機関に事前に確認しておきましょう。

貯金があればレバレッジが働く

先ほど、1年間だけ100万円を貯金して、残り400万円の開業資金を借りるという話をしました。

100万円を元手に、合計500万円の資金運用ができたことになります。

つまり、**5倍のレバレッジ率**になります。レバレッジとは「てこの原理」のことです。少ない元手でも大きな事業を運営できるのが借入（融資）なのです。資金に対してレバレッジが働いたことになります。

起業するのに資金全額を貯める必要はないけれど、融資が受けやすくなるように最低限（いくら貯めればよいのかは、130ページ「ワザ20」で解説）は貯めましょう。

金融機関が見ているのは、起業家の資金管理能力であり、強い意志です。

金融機関の担当者から「勤務時代に給料が高くないのに、よくここまでコツコツ毎月貯めたな」と思われれば、資金管理能力が高く、強い意志もあると見られます。

私は**時間（人生）をもっと大切にすべき**だと常々思っています。

起業には「チャンス」というものがあります。職場を辞めるタイミングだったり、よい物件が見つかった時、お客様から懇願された時など。

「まだ早い」と思っていると、「もうチャンスがやってこない」かもしれません。事業を軌道に乗せるのも成長させるのにも時間がかかります。

起業できるのであれば、まず実現させてしまいましょう。

どんなに準備していても、起業後にはいろいろな問題が起きます。一歩を踏み出した後に、その次の一歩を考え、一歩ずつ進んでいきましょう。

ワザ17 「運転資金」と「設備資金」の違いは何か？

資金というのは「運転資金」と「設備資金」の2つに分かれます。

運転資金は、商品の仕入や経費の支払いなど、「通常の業務」に必要となる資金です。

一方、設備資金は内装代や車両、備品を購入するなど、「設備」のために確保する資金です。

どちらのほうが融資で借りやすいかというと、**「設備資金」のほうが圧倒的に借りやすいです**。なぜなら、資金の使い道が明確なほうが銀行もわかりやすいからです。見積書なども用意するので、使い道の証拠も得られます。

反対に「運転資金」は借りにくくなります。

そのため、**借入しようと思ったら、見積りを取って設備資金にしたほうがいいですし、金利も設備資金のほうが安くなることがあります。**

「運転資金は、赤字を埋めるものではないのですか？」と質問されることがありますが、それは誤解しています。

本来は赤字を埋めるための資金ではありません。

Q「運転資金」って赤字を埋めるものではないのですか?

A 本来は赤字を埋めるための資金ではない

(例) 50万円で仕入れた商品を80万円で販売

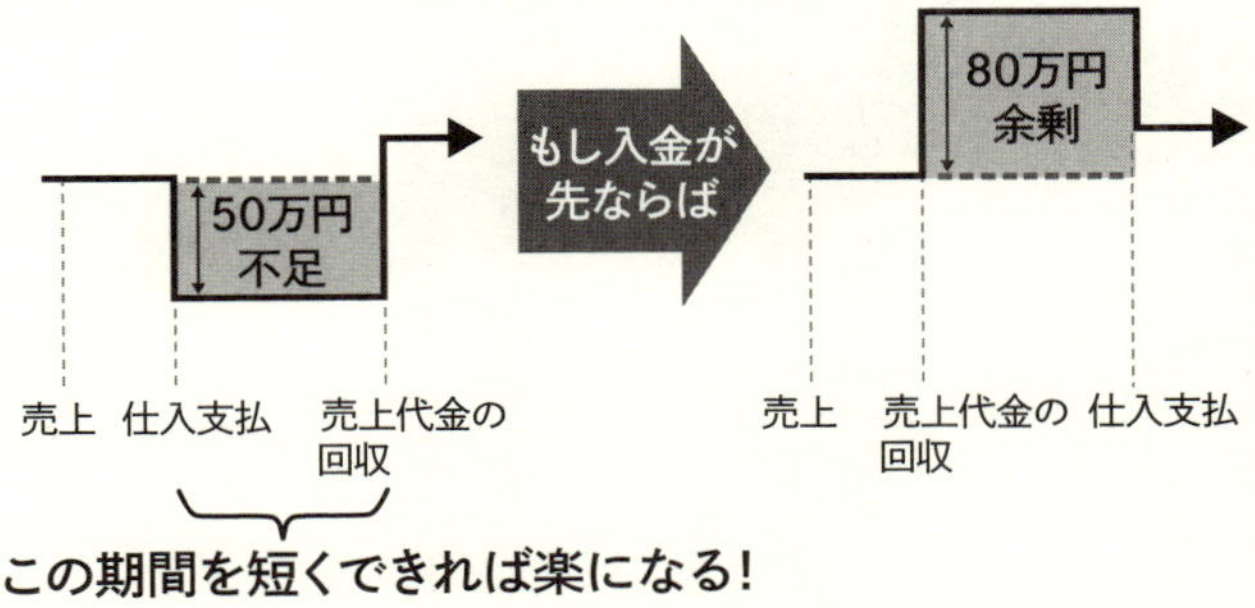

例えば、50万円で仕入れた商品を80万円で販売するとします。

上の図をご覧ください。

左側は、先に50万円支払い、後で80万円が入ってきます。最終的に残るお金は30万円ですが、最初に50万円が必要となり、その時点でお金が不足します。

これをどうすればいいかというと、仕入支払と売上代金の回収の期間を短くすればするほど、楽になります。

図の右側のように、入金のほうが早ければ、先に80万円が入ってきて、後で50万円を支払うことができます。

利益は、どちらも30万円です。利益を見ると一緒ですが、お金の余裕度が違います。

図の左側のように、**入金が後になるため不足する分を埋めるものが、本当の運転資金です。**

例えば、カフェのように現金売上がほとんどの業種は、先にお金をもらうため、資金繰りが楽になります（お金があるからといって、使ってしまえば別ですが）。

入金が支払いより先ではなくても、不足期間を短くする努力は必要です。

給与支払や借入金返済が代金回収日より前にあると、仕入支払を含めて、支払いがダブルパンチで先行してしまうことがあるのです。

これではいつまで経っても（利益が出ていても）資金繰りは楽にはなりません。

仕入・経費分が丸々1ヶ月分足りない状態だとすると、1年中1ヶ月分足りないことになるからです。

この資金繰りのために借入をすると、1ヶ月分の借入利息をずっと支払う必要があります。赤字でもないのに資金繰りのために利息を払っているのです。

こうならないために、支払いと代金回収の間隔が短くなるように考えましょう。

ワザ18
売上が増えても、資金が足りない理由

経営が苦しくなったらお金が足りなくなるというのは、皆さんわかるでしょう。しかし、「売上が増えて成長しているのにもかかわらず、お金が足りない」という状況があります。

そのカラクリをお話しします。

急激な需要に資金対応できない

例えば、50万円で仕入をして80万円で売ったとします。利益は30万円きちんと出ています。しかし、とても需要がある商品だから、本当だったら200万円分買ってもすぐに売れる自信があるのに、お金は80万円しか入って来ない。

80万円しかお金が払えないということは、せっかくの売上増が見込めるチャンスを逃しているということです。

しかも、その80万円も全部を仕入れに使えません。人件費や家賃の支払があります。

そんな時に、融資を受けることができれば、せっかくのチャンスを逃さずに済みます。

1ヶ月サイトは、実は2ヶ月後

サイトとは何かというと、例えば、売上で「月末締め翌月末入金」という場合。一見すると、1ヶ月後にお金をもらうような感じがしますが、もし、3月1日に売った人の場合だったら、3月末で締めて4月末に入金なので、実際には2ヶ月間お金が入って来ません。

この場合も、「せっかくお金があったら仕入ができた」などのチャンスを逃してしまいます。そんな、入金までが長くて次の仕入ができないという時に融資を受けるということが、道具として非常に有効になってきます。

人件費が多い業種は資金繰りが厳しくなる

小売・飲食店等の現金商売でない限り、売上入金よりも給与支給のほうが先に発生することがほとんどです。

ということは、給与支払が多くなるほど資金繰りは厳しくなります。覚えておいてください。

ワザ19
融資で「これだけは押さえる！」という決定的なポイント

創業融資を受けるためのポイントはたくさんありますが、その中でも次の3つがより重要になります。

①経営者の能力
②自己資金
③事業計画書

それでは、ひとつずつ解説していきます。

①経営者の能力

銀行の担当者も、経営者の本当の能力を判断することは容易ではありません。経営者本人に会う時間は1時間程度しかないからです。

つまり、**提出する「書類」が大事**になります。

経営者の能力を客観的に測るとしたら、「経歴」でしょう。学歴ではなく職歴です。**起業する事業が、これまでの職歴と同じなら、思いつきではじめるわけではなく計画的だと予測できますし、未経験者よりもアドバンテージがあります。**経験があると失敗する確率も減りますので、融資しやすくなるのです。

しかし、経験年数が短かったり、未経験のビジネスで起業することもあります。嘘の経歴を書くわけにもいきませんので、その場合、**「今までの経験が、いかに起業するビジネスに役立つか？」をアピールする**のがよい方法です。

例えばこれまで営業職だった人が、エステサロンを開業する際は、コミュニケーション能力の高さや、新規開拓のノウハウやクロージング力などをアピールすることで、売上をつくる能力を説明できます。

②自己資金

やっぱり自己資金を持っていると借りやすいのは事実です。

なぜ借りやすいかと言うと、**そこまで貯めて来た人、きちんと貯める計画性がある人だと判断されるからです。**

この貯金についてですが、よくあるのが、通帳に残高をつくるために、どこからかポーンと３００万円などの大金を入れ、「通帳に残高があるでしょ。だから、貸してください」という話です。

融資の審査では、通帳の残高だけではなくて、「この３００万円は、いつ、どこから入って来たのだろう」と、さかのぼって調べられます。

もし自分の別の通帳から資金移動したと言うなら、今度は「そちらの通帳を持って来てください」と言われます。ここで嘘をついてしまうと必ずバレます。

また、カードローンで借りて来たとなると、これも問題になります。

信用としては、地道に数千円ずつでも貯めている人を評価します。

自己資金は、開業費用の３分の1が望ましいですが、起業する事業によっては多額の設備投資が必要になるので、なかなか理想通りにはいかないものです。

だからといってあきらめる必要もなく、他の２つの要素に説得力があれば、総合的な判断で融資を受けている人がたくさんいるので、安心してください。

③事業計画書

経験ナシ、お金ナシ、でもアイデアと情熱がある！

そんな起業家には、事業計画書が頼みの綱です。

創業する人は過去の実績が何もないので、未来を語ることが非常に重要になります。

これまでの経験や自己資金は過去の結果であって、なかなか今から挽回できないこともあります。しかし、事業計画は未来の予測です。

事業計画書を作成することに重点を置けば、融資を引き出せる可能性も出てきます。

しかし、事業計画書にアイデアと情熱だけを書いても、銀行が一番ほしい情報が抜けています。

それは、**「貸したお金は、きちんと返済できるのか？」**。これに尽きます。

つまり、**「事業計画通りに実現できるのか？」という実現可能性**です。そのためにも、**客観的な根拠**を示す必要があります。

例えば、計画書を出す時、「月の売上１００万円」と記載したとします。そうすると、担当者から「何で１００万円なのですか？　その根拠を教えてください」と聞かれます。

その時に「なんとなく」とか「努力します」と答えてしまうと、それでは全然証拠になりません。

飲食店ならば、「今まで勤めていた店の席数と、自分の店の席数を比較してみると、経験から○○万円の売上が見込めます」とか、「マーケティング調査をしてこういう実績が出ています」ということを、アピールする必要があります。

確実に返済できるだけの利益が出ることを証明しなければなりません。

融資を受ける予定がない人も多いと思いますが、使おうと思ったら使える道具になるので、うまく活用することをおすすめします。

よく失敗するのは、「最初は何とか自分でやるから借りない」という人です。

しかし、「蓋を開けてみたら赤字」という人には、もう貸してくれません。それが事業の実績になってしまうからです。マイナス評価になってしまうと、もう借りられません。

皆さんは、もちろん儲けるつもりで起業するので、あまり失敗を考えていないと思います。でも失敗ではなくても、軌道に乗せるまでにお金が底をついてしまったら、もう終わりです。ですから早いうちに融資という選択肢も持っておきましょう。

ワザ20 そもそも、いくら借りられるのか

日本政策金融公庫が公表している「2017年度新規開業実態調査」を見てみると、創業者が金融機関等から借りている金額は、平均891万円（平均調達額に占める割合は67・3％）で、自己資金は287万円（同21・7％）です。

業種やスタート規模にもよりますが、感覚的には大きい気がしませんか？

これは平均値なので、高額な借入をする人がいると高くなる傾向があります。現にこの調査でも、開業費用（自己資金や借入など）の平均値は1143万円ですが、融資を受けた人の中で真ん中の人である「中央値」だと639万円。一気に低くなります。

調査でも「開業費用500万円未満の割合が37・4％と最も高く、次いで500万円～1000万円未満が29・3％」という結果が出ているので、ボリュームゾーンは中央値ぐらいと予測できます。

中央値639万円の中には、自己資金も含まれています。

仮に上記借入割合（67・3％）を掛けてみると、借入額は約430万円になります。私の感覚や融資実績を考えても、これぐらいのイメージです。

もうひとつ注目してほしいのは自己資金です。

開業費用の21・7％となっています。通常は3分の1が望ましいと言われていますが、実際は2割程度でも融資が受けられているとも読み取れます。

そこで、多くの方が気になる自己資金について考えていきましょう。

いくらあると融資が受けられるのか？

前述の通り、開業費用の3分の1が望ましいですが、事業によっては多額の設備投資が必要になる場合もあるでしょう。

そこで、自己資金として扱われるものを確認していきましょう。

自己資金として扱われるもの

①貯金

一番にイメージできるものですね。

大事なことは、**コツコツ何年も貯めていて、残高が徐々に増えていることが理想です。最低でも起業前の6ヶ月はコツコツ貯めておきたいものです。**

なぜなら、起業を決意したのに、貯める努力をしていないようなら、準備不足か起業家としての金銭感覚が甘いと見られるからです。

実際に、審査の際は残高だけでなく、約6ヶ月~1年前の取引を通帳でチェックされます。たとえ1年かけて開業費用の3分の1が貯められなくても、コツコツ貯金をはじめることは、起業の「覚悟」の意思表示です。

②資本金

法人で会社を設立すると、資本金（株式会社以外は出資金と呼びます）を出資しなければなりません。

経営者だけで出資したり、親族や知人などが出資してくれたりすることがあります。ちなみに、個人事業には資本金はありません。

そもそも資本金は会社側からみると、借金とは違い、返す必要のない資金です。これらは、自己資金と扱われます。

③親からの贈与

返さなくてもよいお金なので、自分のお金（自己資金）と言えます。

ただ、自分でコツコツ貯めたお金ではありません。自分では貯めておらず、親からのお金だけに頼っているように見られれば、経営者の能力としてマイナス評価になることも考えられます。

あくまで、自分でもコツコツ貯金をしていたけど、親が子どもの起業の熱意に共感して、一部支援してくれたというストーリーが重要です。

ちなみに、親族や友人からの借入は、返さないといけない借金なので、自己資金として認められません。

④すでに支払済みの設備費やＦＣ加盟金

融資の申込み前に、設備資金やＦＣの加盟金などを支払っている場合があります。

審査の段階では、もう手元にお金が残っていませんが、これらも自己資金として扱ってくれます。

⑤生命保険や投資信託など

金融機関によって異なるかもしれませんが、預貯金以外でもお金になる財産価値があるものを自己資金とみなしてくれる場合があります。

主なものは、解約返戻金のある生命保険や、株・投資信託などです。それらの資料を提出することもできます。

ワザ21 どこに申し込めば借りられるのか

どこに申し込めばお金は借りられるのでしょうか？　もっと言えば、どこで借りるのがいいのでしょうか？　創業者向け融資は、基本的に3つの方法が考えられます。

①銀行や信用金庫

まず銀行や信用金庫があります。

しかし、実は銀行や信用金庫は基本的に貸してくれません。

なぜかというと、創業者はやはり廃業率が高いので、貸すのにリスクが高いからです。

しかし、2016年9月に金融庁が方針を出しました。金融庁が方針を出すと銀行や信用金庫はそれに従わないといけません。

どういう方針かというと、金融仲介機能のベンチマークが発表されて、各金融機関が創業融資を増やすという方針です。

わかりやすく言うと、金融庁が各金融機関に、創業者向けにもお金を貸しなさいと言いはじめているということです。

そこで最近は、積極的に貸出をする金融機関も増えてきています。

とはいえ、まだ厳しいというのが実感です。創業したと言っても、1年経たないとだめとか、2年経たないとだめということが多々あります。

②都道府県や市区町村の創業支援融資（制度融資）

2つ目は、都道府県市町村の創業支援融資（いわゆる「制度融資」）です。

ちなみに、都道府県や市町村がお金を貸してくれるわけではありません。支援をしてくれるのです。

しかし、実はこの情報はなかなか入って来ません。**自分から積極的に情報を入手する必要がある**ことを覚えておいてください。

どんな支援をしてくれるかと言うと、保証料に対する支援があります。

例えば銀行からお金を借りる時、「保証人になってください」と誰かに言っても、なかなかなってくれませんよね。

そういった場合、保証協会というところが審査をし、審査がOKなら保証協会が保証人になってくれるのです。その代わりに、保証料を払います。これはいわゆる利息みたいな

創業者向け融資

① 銀行・信用金庫	創業は廃業率が高いために基本的に難しい。 しかし、2016年9月に金融庁が「金融仲介機能のベンチマーク」を発表し、各金融機関が創業融資を増やす方向にある。
② 都道府県・市区町村の創業支援融資（制度融資）	もし、支援する地域で創業するなど該当する場合は確認してみたほうがよい。保証料や利子を補助してくれる場合もある。 無担保もあるが、経営者は保証人となる場合も。 1/3〜1/2の自己資金を求められることが多い。
③ 日本政策金融公庫（通称：公庫）	起業家への融資に積極的。一番メジャー。 全国にあるので利用しやすい。 信用保証料が不要。 無担保・無保証人の融資がある。

ものです。

この保証料を都道府県や市町村が、究極、全額補助してくれるところもありますし、1年間や2年間限定というところもあります。

無担保のものもありますが、経営者が保証人となることもあります。

しかし、この融資の厳しいところは、自己資金を3分の1から2分の1程度用意しないといけない点です。

③日本政策金融公庫

3つ目が、日本政策金融公庫（通称「公庫」）と呼ばれるところです。

ここが一番起業家への融資に積極的ですし、全国にあるのでメジャーです。

日本政策金融公庫は、信用保証料がかかりません。その分、金利だけで比較すると、他より高いことがあります。

比較する時は、公庫以外は保証料と利息のセット、公庫は利息だけで比較しましょう。知らないと、ついつい利息だけで判定してしまうので要注意です。

無担保・無保証人の融資があり、これが非常に使いやすいので、次項で詳しく解説していきます。

ワザ22 保証人は「ナシ」でも借りられる？

まずは次ページの表をご覧ください。ここに公庫の4つの融資の種類を掲げています。最初に左列の2つ、「新規開業資金」と「女性、若者／シニア起業家支援資金」というものがあります。

利率を見てみると、結構低めなのがわかると思います。ただ、こちらは担保や保証人が必要になる場合が多く、条件がつくから金利が低めになっているのです。

しかし、なかなか担保にできるものがないという場合や、保証人になってもらうことを人に頼みにくいと思う場合も多いと思います。

そこでまずは、3つ目の**「新創業融資」**です。

これは、創業時または創業2年以内なので、創業してすぐでなくても使えます。資金の上限が他のものに比べると少なく、3000万円です。

返済期間はどの融資もすべて同じ期間で、設備資金は20年以内、運転資金は7年以内です。つまり、設備資金のほうが長期間で返済できますので、毎月の返済負担が少なくて済

公庫の創業者向け融資

	新規開業資金	女性、若者／シニア起業家支援資金	新創業融資（左記2つを「無担保」「無保証人」にしたもの）	中小企業経営力強化資金（創業専用ではないが可能）
対象者	一定の要件あり（創業7年以内の方も含む）	女性または35歳未満or55歳以上（創業7年以内の方も含む）	創業または2期以内	認定経営革新等支援機関による指導及び助言を受けている方
融資限度額	7,200万円（うち運転資金4,800万円）		3,000万円（うち運転資金1,500万円）	7,200万円（うち運転資金4,800万円）
返済期間	設備資金20年以内（うち据置期間2年以内） 運転資金7年以内（うち据置期間2年以内）			
利率	2.06〜2.65%	1.66〜2.25%	新規開業資金2.26〜2.85% 女性、若者／シニア起業家支援資金1.86〜2.45%	2.11〜2.5%（2,000万円以内の部分）
担保	相談	相談	なし	なし
保証人	相談	相談	なし	なし
自己資金※	なし	なし	10分の1以上	なし

自己資金要件がなかったり、金利が低いのは、担保や保証人が必要だから

※自己資金は実際は3分の1以上が望ましい

（平成30年8月現在）

みます。

返済期間には2年以内の据置期間があります。起業直後、売上が軌道に乗るまでに数ヶ月必要な時に、次月から返済が開始すると困ってしまうでしょう。そこで、**元金を据え置きして、利息だけを支払う期間を据置期間と言います。**

ただし、返済期間20年や7年、据置期間2年とありますが、実際にはここまで長く引っ張ってくれるかというとそうではありません。もう少し短くしてほしいなどと打診されます。

「新創業融資」や次に説明する「中小企業経営力強化資金」は、会社の代表者自身も保証人にならなくていいのです。つまり、責任を負わなくていいということです。

それから自己資金については、新創業融資は自己資金が10分の1以上、残りの3つは自己資金がなくてもいいという規定になっていますが、なかなかそういうわけにはいかないことも多く、やはり3分の1以上の自己資金を用意したほうがいいでしょう。

そこで、私がおすすめしたいのは、表の4つ目の**「中小企業経営力強化資金」**というものです。

この融資制度は、認定経営革新等支援機関の支援が必要です。

認定経営革新等支援機関とは、国から認定されている機関で、商工会議所や銀行、中小企業診断士、税理士など、認定を受けている機関です。

そういったところが支援をすることを前提として融資をします。

金利は比較的安く、しかも無担保・無保証です。

この「中小企業経営力強化資金」をおすすめする理由は、一番借りやすいからです。

以前、実際に公庫の方にどれが一番貸しやすいかと聞いたところ、これが一番貸しやすいとおっしゃっていました。

なぜかというと、これは認定支援機関が、事業計画書を見たり、開業後も指導したりするので、客観性があり、会社も潰れにくくなるという理由からです。

詳しくは公庫のホームページに要件が載っていますので、確認してみてください。

ワザ23
ぶっちゃけ、自己資金がないんですけど……

繰り返しになりますが、多くの書籍や金融機関のホームページには、「自己資金は借入総額の3分の1はあったほうがいい」と書かれています。

では、本当にそれだけ持っていないと借りられないのでしょうか？

答えとしては、絶対というわけではありません。3分の1以下でも融資が受けられた場合もたくさんあります。

ですから、「自己資金がないから、私には無理だ」とあきらめないでください。

でも、融資が満額受けられないことも想定して、融資以外の資金調達方法をお伝えします。

むしろ、**最初から融資ではなく、今からお伝えするローンやリースを組み合せるほうが、資金調達しやすくなる場合があります。**

ローン

ローンと聞くと、「住宅ローン」「マイカーローン」「教育ローン」などを思い浮かべるのではないでしょうか。

融資は、「事業」に対してお金を貸します。それに対して、**ローンは「目的」に対してお金を貸すもの**と考えてください。

例えば、自動車を買う時、一括払いにするか、分割払いにするかを決めるでしょう。つまり、**「ローン＝分割払い」**というイメージです。

事業で使う自動車でも、ローンを組むことは可能、ということです。

リース

リースとは、お客様が希望する設備などをリース会社が代わりに購入し、お客様に長期間にわたって賃貸する取引です。

所有権はリース会社にありますが、お客様は購入した場合と同じように使用できます。

お客様を特定するので、不特定で比較的短期間の「レンタル」とは別のものです。

融資とローンとリース、どれがよいのか？

ポイント１：審査

審査は、融資よりもローンやリースのほうが通りやすい傾向があります。

そもそも、ローンやリースはある目的に対して、その分だけ貸しているからです。返済できなくなったら、その資産を引き上げればよいだけだからです。

ポイント２：融資枠

融資には限度額があります。融資制度によって限度額が決まっていますし、そもそも、あなたに貸せる金額にも上限があります。

もし、ローンやリースを活用する場合、融資枠を使わずに温存できます。ローン・リースと、融資枠は別枠だからです。その分、融資は他の目的にまわすことができるというメリットがあります。

ポイント３：金利手数料

金利は、融資が一番低くなる傾向にあります。ただし、ローンでも車のローンなどはキャンペーン金利が適用されると、融資よりも低くなることがあります。一方、リースの料率は高い傾向です。

ポイント４：維持費用

設備や車などは固定資産になりますから、税金や保険料がかかります。

融資やローンの場合は、これらを自分が負担しないといけませんが、リースの場合は、リース会社が負担してくれます。

その点では、リースのほうにメリットがあります。

一方、融資やローンで購入した場合には、返済が終わった後も、そのまま使用し続けられますが、リースの場合は、リース終了後も使用する場合、再リース料を支払ったり、買い取りをしたりする必要があります。

しかも、リースは途中で解約すると、ほぼ残債と同額の違約金を支払わなければならないことがあるので、注意が必要になります。

ポイント５：経費

実は、融資でもローンでもリースでも、最終的に経費になる金額はほとんど変わりません。

しかし、初年度に経費になる金額など、途中に違いがあります。次の例で説明します。

例：期首に、新車の自動車を300万円（5年払い）で購入

償却方法は「定率法」（耐用年数6年：0.333）を採用

①初年度に経費になる金額

融資やローン　　…300万円×0.333=99万9000円

リース（金利分除く）　…300万円÷5年=60万円

↓融資やローンのほうが初年度経費は大きい

②経費化する期間

融資やローン　　…耐用年数6年でほぼ全額経費

リース　　…リース期間5年で全額経費

↓リースの場合、リース期間で償却するため、法定耐用年数よりも短くなることがある

6章

起業したら
早めに
知っておきたい
「損得勘定」

ワザ24 1年目につまずくと、後が大変

「起業1年目から利益を出すのは無理。もろもろ備品を揃えるのにお金を使ったし、アルバイトにはオープン前から時給を支給しているし、いきなりお客様が増えるわけではないし……」

これが起業家の本音であり、事実でしょう。

しかし、その後も軌道に乗らず、お金が底をつきかけた時には、もう銀行は融資してくれません。

3年先を「見える化」する

起業初年度から利益が出るようにしたいものですが、業種などによっては、決算書が赤字になってしまうこともあります。では、どうすればいいかと言えば、一番やっていただきたいことは、3年分の損益計画表の作成です。

毎月の損益がわかるようにしてください。会計の知識がなくても大丈夫。自己流で構いません。

一期目が終わる前までに、借入をする

損益計画表をつくってみて、途中で資金ショートする場合は、借入を検討したほうがいいかもしれません。特に1年以内に資金ショートするなら、改善できる期間が短くなります。

借入の前に、まず、経営戦略を見直してみることからはじめましょう。

起業前は会社の評価はプラスマイナス0です。ところが、事業がはじまってしまうと、黒字か赤字かはっきりしてしまいます。

そこで、まだ起業数ヶ月のうちは、軌道に乗らないだけかもしれないので、その赤字が今後のスタンダードとみなされません。一期目が終わってしまうと、損益状況が確定してしまいます。その前までには借入をするかどうか判断しましょう。

ワザ25 最大の節税は「自分の給与をいくらにするか？」で決まる

これは法人限定の話です。なぜなら、個人事業主は自分に給与が払えないからです。

法人の場合、ほぼ起業家自身が代表取締役等に就任することでしょう。

役員への給与は**「役員報酬」**と呼ばれます。**税務上、原則として役員報酬は期の途中で変更できません。**営業成績に応じて毎月金額を変えることもできません。

それは、役員という立場上、個人プレーではなく会社全体の経営を考えるため、株主から経営を任された立場だからです。前もって「あなたにこれだけ支払うから、経営を任せた」ということを、株主総会や取締役会で決定しているからです。

それから、もうひとつ理由があります。

決算まで数ヶ月となり、多額の利益が出て、税金も多くなることが予測されたとします。

そうなると、経営者が考えることは、これです。「法人税等で取られるぐらいなら、自分に役員報酬を支払って経費にしたほうがマシだ！」と。

経営者が役員報酬をもらうと、それに対して所得税や住民税などが課税されます。それでも、それ以上に法人税等が安くなるならマシだと判断するわけですね。

これは、会社経営者という身内だから考えることです。つまり、同族企業だから利益調整ができてしまうと、税務署は考えます。

そのため、税務上も決算から3ヶ月経過した後に役員報酬を増減すると、超えている金額は損金と認めない（税金計算上、経費と認めない）取り扱いになっています。

しかし、経営者もあの手この手を考えます。

「税務署が役員報酬の増減を認めないのなら、せめて一緒に働いている妻だけでも役員にしないで、給与を支給すれば、利益調整できるじゃないか」と。

……そんなことは税務署もお見通しです。

登記上は役員ではなくても、実際は役員みたいなものという「みなし役員」という税務独自の判断があります。

奥様の場合、みなし役員と判断される可能性があります。細かい規定は複雑なので省略しますが、グレーな取り扱いになるので、たとえ奥様を役員にしなくても、給与を増額したり、賞与を支給したりするのは、やめておいたほうが無難です。

前置きはここまで。さて本題です。

経費にならないような支出を経費にすることが節税ではありません。世の中で考えられる節税方法については、税務署が後から「待った！」をかけてくるため、そんなにうまい話は少ないのが事実です。

その中で、合法的に税金を抑えることができるのが、役員報酬の金額です。

「いったい、いくらの役員報酬を支払うのがベストなのか？」を考えてみたいと思います。

実際にはケースバイケースなので、この後の例をもとに検討してみてください。

例：社長の他に従業員なし。社会保険（介護保険対象）に加入済み。
役員報酬支払前の税引前利益は８００万円と予測。

考え方は「法人の税金VS個人の税金」

役員報酬を支払うと経費になるので、その分、法人税等が減ります。

一方、もらった個人には、社会保険料の負担や所得税・住民税が課税されます。

法人と個人では税率も計算方法も違います。両者を比較して検討します。１５７ページの表と合わせて確認してください。

具体例

例1：役員報酬55万円の場合

法人の税金を少なくするために、極力、役員報酬を支払う例です。

たしかに、税金は約117万円節税になりましたが、社会保険負担（会社と個人）が約198万円増えますので、結果として、約81万円不利になります。

例2：役員報酬20万円の場合

例1では、社会保険料負担が大きいため、役員報酬を下げてみました。

税金は約59万円と節税効果は薄くなりましたが、社会保険負担（会社と個人）は約72万円増とかなり負担が減りました。それでも、結果は約13万円不利になります。

例3：役員報酬10万円の場合

いっそのこと、これでもか！　というぐらいに下げてみます。

個人の税金はちょうど発生してきません。法人税等だけ約30万円が節税になります。社会保険負担（会社と個人）も約34万円増と、さらに負担が減りました。それでも、有利には逆転せず、結果として約4万円不利になります。

まとめ

役員報酬を支給すればするほど、税金と社会保険のトータル負担は増えるという結果になりました。

どの例でも、個人の税金よりも法人税等の税率のほうが高いため、役員報酬を支給すれば税金は安くなりました。

ところが、社会保険料負担が、会社と個人合わせて29・77％も発生するため、それを補えるほどの税率差になりませんでした。

実際は、もっと高額な利益の会社の場合や、家族で働いている人がいるかどうかなどで、有利不利は大きく変わってきますが、このような結果になることが多いでしょう。

役員報酬シミュレーション

社長55万円／月の場合

【課税所得】

	社長
年収	6,600,000
給与所得控除	−1,860,000
所得	4,740,000
社会保険料控除	−982,410
基礎控除	−380,000
課税所得	3,377,590

【税金・社会保険料の比較】

	① 社長の負担増	② 法人の節税等
法人税等		−1,767,600
所得税（復興税含む）	253,600	
市県民税	342,700	
社会保険料	982,410	1,001,550
税金（消費税除く）&社保	1,578,710	−766,050

①−②	
税金	−1,171,300
社会保険	1,983,960
合計	812,660

役員報酬を支払うと、この金額が不利に

社長20万円／月の場合

【課税所得】

	社長
年収	2,400,000
給与所得控除	−900,000
所得	1,500,000
社会保険料控除	−357,240
基礎控除	−380,000
課税所得	762,760

【税金・社会保険料の比較】

	① 社長の負担増	② 法人の節税等
法人税等		−709,900
所得税（復興税含む）	38,900	
市県民税	81,200	
社会保険料	357,240	364,200
税金（消費税除く）&社保	477,340	−345,700

①−②	
税金	−589,800
社会保険	721,440
合計	131,640

役員報酬を支払うと、この金額が不利に

社長10万円／月の場合

【課税所得】

	社長
年収	1,200,000
給与所得控除	−650,000
所得	550,000
社会保険料控除	−169,200
基礎控除	−380,000
課税所得	800

【税金・社会保険料の比較】

	① 社長の負担増	② 法人の節税等
法人税等		−297,900
所得税（復興税含む）	0	
市県民税	0	
社会保険料	169,200	169,200
税金（消費税除く）&社保	169,200	−128,700

①−②	
税金	−297,900
社会保険	338,400
合計	40,500

役員報酬を支払うと、この金額が不利に

ワザ26 本当に税理士に頼む必要はあるの？

税理士に依頼すべきかどうか、これは法人と個人事業主で答えが変わってきます。

ちなみに、**世の中で税理士に依頼している割合は、法人だと8～9割に対して、個人の確定申告では2割程度とも言われています。**

確定申告は、医療費控除や住宅ローン控除、不動産収入のある人や不動産を売却した人など、個人事業主ではない方々もいますので、割合が少ないのも当然と言えます。

法人は、かなり高い割合で税理士に依頼している場合が多いようです。その理由は、決算書までは自分で作成できても、税務署に提出する書類が多く、申告書も複雑怪奇なため、依頼していると思われます。実際に、素人が専用ソフトを使わずに、手書きで間違えずに申告書類を作成することはかなり困難でしょう。

個人事業の場合も、決算書や所得税申告書を作成する必要がありますが、書き方が詳しく説明された、カラーのパンフレットが申告書類と同封されて税務署から送られてくるため（国税庁のホームページでもPDFで見ることが可能）、正しいかどうかはともかく、自分で提出することは可能です。

どうしても自信がない場合は、青色申告会や税務署でも指導していますので、税理士以外にも依頼することができます。

では、税理士に依頼するメリットはあるのでしょうか？

税理士事務所がどんなサービスをしているかは、事務所によってまちまちですが、次ページに主なサービスを一覧表にしました。

すべての業務を行っている事務所もあれば、得意分野に特化している事務所もあります。例えば、医療クリニック専門や飲食業専門など、業種に特化している事務所もありますし、国際税務・企業組織再編・M&Aなどの特殊業務を得意とする事務所もあります。

ところで、税理士事務所には、「税理士事務所」「税理士法人」「会計事務所」など呼び名がいくつかあります。お客様へのサービスという点では違いがありませんので、ここではすべて含めて「税理士事務所」と呼びます。

税理士のサービス内容

サービス内容	解説
税務申告・税務相談・税務調査立ち会い	一番の本業ですので、すべての事務所で取り扱っています。
相続税の申告・相談	取り扱っていない事務所や業種などを特化している事務所があります。
経営アドバイス	大なり小なり指導していると思いますが、税理士や担当者の力量により差が出ます。また、顧問料に含まれている場合もあれば、有料の場合もあります。
経営計画書の作成・指導	セミナーの場や、個別で作成することがあります。取り扱っていない事務所もあります。
記帳代行・経理代行	記帳代行は、ほぼすべての事務所で取り扱っています。最近は、記帳だけでなく給与計算や請求業務など、経理自体を代行する事務所もあります。
会社設立支援	税理士事務所と連携している司法書士・行政書士へ依頼している場合が多いですが、ほとんどの税理士事務所が窓口になってくれます。
融資あっせん・提出書類作成	まったく取り扱っていない事務所や、積極的に取り扱う事務所に分かれます。経営革新等支援機関に認定されていると、融資を受ける際にメリットがあります。
補助金・助成金申請	助成金は連携している社会保険労務士へ依頼することになるでしょう。補助金については、まったく取り扱っていない事務所と積極的に取り扱う事務所とに分かれますが、取り扱っていない事務所のほうが多いです。経営革新等支援機関の場合は、スムーズに申請しやすいなどのメリットがあります。

税理士事務所の料金

業界内ではなんとなく相場感がありますが、それでも開きは大きいかもしれません。仕入がないので、値段決めが曖昧な税理士事務所も存在します。

それに、大きな税理士事務所が高めで、小さな税理士事務所が安め、とも言えません。同じ規模や同じ業務内容・品質でも、値段が違うことはざらにあります。さらに、品質が劣るのに他よりも高いという場合もあります。これは税理士の経営方針の違いなので、どれが正しいとは言えません。また、個別の相性もありますので、そのあたりの見極めが難しいところです。

そのため、信頼している人に紹介してもらうのもひとつの方法です。もし、私が起業したばかりの依頼者なら、信頼している人に紹介してもらうと断りづらい（料金も気になります）ので、まずはその方と税理士が良好にお付き合いしているかを聞き、可能なら事務所名を聞きます。そして、後ほど自分でホームページを確認した上で、よさそうならその方に正式に紹介してもらい、「あまり……」であれば、他に信用できる人から聞き出します。

ワザ27 自宅の家賃や光熱費はいくらまで経費になるのか？

家賃や光熱費を経費にする場合は、会社で使っている分、つまり「事業割合」を算出する必要があります。

家賃は、面積按分などがよいでしょう。税務調査の際は、何らかの根拠を提示しなければなりません。わかりやすい例として、もし３ＤＫの家のうち一部屋を使用している場合、３部屋＋ＤＫの計４つのうち1部屋利用として、25％を計上するような計算方法です。

水道光熱費について、よほど仕事で使用しない限り、ガス代・水道代は税務調査で否認されます。電気代についても、事務所として利用しているだけだと、部屋の明かりとパソコンの電気代程度です。調理機器など電気使用量が大きいものがある中で、その割合となれば、自ずと事業割合も少なくなります。

また、平成25年の判例ですが、自宅兼事務所として一部経費計上していた保険代理店の家賃が否認されました。今後、経費計上が厳しくなっていく可能性がありますので要注意です。

持ち家か賃貸か、個人事業主か法人かによって扱いが異なる

持ち家と賃貸では税務上の取り扱いが変わります。さらに、個人事業主か法人かによっても変わってきます。パターンとしては、次の４つになります。

①持ち家を個人事業主が使用

家賃を支払うことはできません。自分が自分に支払うことになるからです。その代わり、経費にできるものがあります。いずれも、事業で使用している割合分だけなので、ご注意ください。

・固定資産税、都市計画税
・住宅ローンの利息
・火災保険料、地震保険料（経費にした割合は、確定申告で地震保険料控除の対象にできません）
・減価償却費（忘れがちなのでご注意を）

・電気代（ガス代や水道代は、よほど仕事で使用しない限り否認されます）
・マンションの管理費、共益費など

②個人の持ち家を法人が使用

法人が個人へ家賃を支払うことができます。もらった個人は、不動産所得として確定申告が必要です。その際、前述した固定資産税、住宅ローンの利息、火災保険料などを必要経費として計上できます。

ここで、注意点があります。住宅ローン控除を受けている場合です。住宅ローン控除の要件に、「2分の1以上の部分が専ら自己の居住の用に供するものである」とあります。つまり、事業割合を50％以上に設定してしまうと、住宅ローン控除を全額受けられなくなります。

もし事業部分が50％未満でも、事業で使用する部分には、住宅ローン控除が適用できません。

では、住宅ローン控除を受けるほうが得なのか、経費として計上するほうが得なのか？という問題が浮上してきます。ケースバイケースになりますが、一例を計算してみましょう。

例：建物2000万円、耐用年数50年（償却率0・02）。事業割合40％
住宅ローン残高3000万円（土地含む）、金利1・5％
火災保険・電気代は考慮せず

（住宅ローン控除）
3000万円×1％×（100％−40％）＝所得税18万円減

（経費）
固定資産税等（7割を評価額と仮定、計算は省略）　6万5300円
住宅ローン利息　3000万円×1・5％×40％＝18万円
減価償却費　2000万円×0・02×40％＝16万円
経費合計　40万5300円

課税所得900万円の人（所得税等23・483％＋住民税10％）

↓40万5300円×33・483%＝所得税等13万5706円減
課税所得1800万円の人（所得税等33・693%＋住民税10%）
↓40万5300円×43・693%＝所得税等17万7087円減

結果として、課税所得1800万円という高額所得者でようやく、住宅ローン控除を受けるのと同じぐらいです。それ以下の所得の人は、事業として経費に入れないほう、つまり、住宅ローン控除を全額控除したほうが有利になります。

③賃貸物件を個人事業主が使用

事業割合に応じて、経費計上します。経理はこの中で一番簡単です。

④個人名義の賃貸物件を法人が使用

本来なら、法人に契約を切り替えるのがよいでしょう。ただ、契約変更ができないため、個人名義の賃貸物件を法人で使用している場合もあります。税務上は実態で把握しますので、経費計上が可能です。

ただし、あくまで契約が個人のため、法人に（一部）貸しているという契約書を作成してください。そして、確定申告したほうが無難です。法人から受け取る賃料と大家へ支払う賃料を同じにすると、差額に儲けは発生しません。しかし、同族会社と役員等の間で賃料が発生する場合は、たとえ所得20万円以下でも確定申告が必要となります。

ワザ28

最重要項目！商品の「値段決め」のノウハウ

値段決めのジレンマは、「売れないと困るから、値段はあまり上げたくない」とか「値段を上げたいが、売れなくなったらどうしよう？」という心理。これをどのように解決すればいいでしょうか？

盲点は「原価」との関係です。

原価率が高い・低い場合で、値段決めがどのように影響するのかを見ていきましょう。

「売れないと困るから、値段はあまり上げたくない」

売価Ｄｏｗｎ×数量Ｕｐの場合

例：当初、単価１００円で数量１００個を売る計画をしていましたが、厳しそうです。

もし単価を90円に下げたら、粗利を維持するためには、何個売らないといけないでしょうか？

原価率が高い（80％）場合

［当初］（単価100円－原価80円）×100個＝粗利2000円
［粗利を維持する数量］2000円÷（単価90円－原価80円）＝200個

なんと?! 単価をたった10％下げただけなのに、2倍売らないといけない！

原価率が低い（20％）場合

［当初］（単価100円－原価20円）×100個＝粗利8000円
［粗利を維持する数量］8000円÷（単価90円－原価20円）＝約115個

15％増やすだけで済む

「値段を上げたいが、売れなくなったらどうしよう？」

「売価Up×数量Down」の場合

例：当初、単価100円で数量100個を売る計画をしていましたが、単価を上げようか検討しています。

もし単価を110円に上げたら、粗利が維持できる数量は何個でしょうか？

原価率が高い（80％）場合

［当初］（単価100円－原価80円）×100個＝粗利2000円

［粗利を維持する数量］２０００円÷（単価１１０円－原価80円）＝67個

なんと?!　単価をたった10%上げるだけで、売る数量は3分の2と大幅減

原価率が低い（20%）場合

［当初］（単価１００円－原価20円）×１００個＝粗利８０００円

［粗利を維持する数量］８０００円÷（単価１１０円－原価20円）＝約89個

11%だけ減少できる

どうでしょうか？

原価率が違うと、売らなければならない数量がまったく変わってきます。

つまり、原価率が高いと粗利が少ないので、単価を少し変えるだけで大きく影響してしまいます。安易に値引きをしてしまったために大赤字になることもあれば、値段を上げても売れる数量が減らなければ、大きな黒字になることもあるということです。

原価率が高いビジネスをする方は、それだけ値段決めがシビアになるということです。

売価は起業後に変更するのが難しいので、起業前にリサーチしておくことが非常に重要になってきます。

ワザ29

赤字には「よい赤字」と「悪い赤字」がある

赤字とは、利益がマイナスになることです。
利益は、「収益－費用＝利益」で算出します。
ただ、会計上は費用について、次のように詳しく分類しています（法人の場合）。

（ア）売り上げた分に対する原価
（イ）通常営業するための費用
（ウ）財テクの損失、支払った利息などの営業外費用
（反対に財テクの利益、もらった利息は営業外収益と言います）
（エ）特別な場合や臨時のイレギュラーな費用
（こちらもイレギュラーな収益があります）

それぞれを専門用語で、

①売上原価
②販売費及び一般管理費
③営業外収益・費用
④特別利益・損失

と言います。

この分類をすることで、利益も分類することができます。見ていきましょう。

①売上総利益

売上から売上原価を引いたものです。通称、「粗利《あらり》」とも呼ばれます。

ここで、売上原価と仕入の違いについて、お伝えします。商品を購入することを「仕入」と言います。しかし、仕入れたものが今期中に全部売れるとは限りません。売れ残ると、在庫になります。「売上原価」は売れた分だけの原価です。つまり、仕入から在庫を除いたものです。在庫は前期から持っている場合もあるので、「期首在庫＋当期仕入－期末在庫」で計算すると「売上原価」が算出されます。

損益計算書

5つの利益

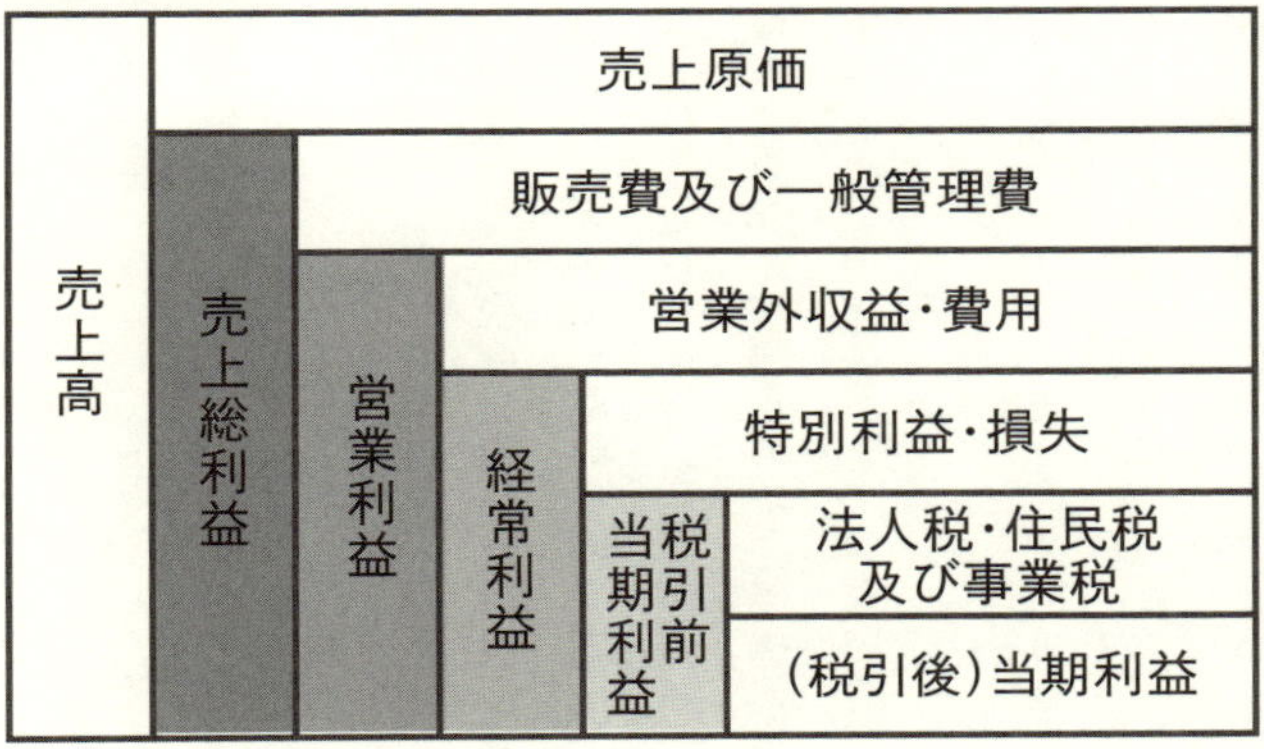

②営業利益

売上総利益から、会社の運営に通常かかる費用（販売費及び一般管理費）を差し引いたものが、営業利益です。

主な費用は、人件費・家賃・水道光熱費・通信費・交際費・広告宣伝費などです。

③経常利益

営業利益から借入金の利息などを支払った残りが、経常利益です。

④税引前当期利益

経常利益からイレギュラーな利益や損失を考慮した後が、税引前当期利益です。

例えば、自動車を売った損失などです。

これで最終利益としたいところですが、法人税は会社の利益をもとに算出するため、もう一段階必要になります。

⑤当期利益

税引前当期利益から法人税などを差引いた後が、当期利益です。

赤字よりは黒字がいいのは当たり前ですが、仕方がなく赤字になることがあります。

上記のうち、**税金を引いた最後の当期利益までが黒字なのが理想ですが、最低でも経常利益までは黒字にしたいものです。**

名前から見ると、営業利益が黒字であれば問題なさそうですが、借金体質の企業とそうでない企業で差が出るのが、支払利息。利息を支払っても利益が出ていなければ、その借金を返すだけの利益が出ていないことになります。

そもそも借入返済の元金部分は経費になりません。一方、減価償却費というのはお金が出ていなくても経費になる部分です。そのため、きちんと借入金が返済できているのかを判断するには、

「経常利益＋減価償却費－年間返済額（元金部分）＝返済可能額」

となります。

もう一点、利益をそのまま鵜呑みにしてはいけないことがあります。

それは役員報酬など、自分や家族の給料です。

役員報酬を毎月20万円支払って、経常利益がようやく50万円の黒字になった企業と、役員報酬を毎月100万円支払っていたが、経常利益が▲50万円の赤字になった企業を比べれば、後者のほうが、本来は利益体質ということになります。

このポイントは銀行なども見ています。20万円の役員報酬で生活できれば問題ありませんが、全然足りなければ、前者は実質的には赤字と判断されます。

会計上の処理方法の関係で、一時的な支出が「販売費及び一般管理費」に入ってしまい、今期の経常利益が赤字になってしまう場合があります。

例えば、高額なホームページを作成した、創業1周年イベントを盛大に開催し、今期だけ臨時に支出が発生した、大きな設備投資をして減価償却費が一時的に大きくなった、などの場合です。これらの理由は、銀行に口頭で説明するか、税務署に提出する「法人事業概況説明書」の最後にコメントを記載しておくことをおすすめします。

ワザ30

調子がよい時は「黒字倒産」に注意する

——収支と損益の違い

赤字で倒産ではなく、黒字で倒産

黒字とは、利益が出ているということです。それなのに、倒産してしまうのはなぜか、理解できないですよね？

しかも、起業後すぐに急成長している場合に倒産することがよくあります。決して「粉飾決算」のようにごまかして黒字にしたわけではなくてもです。

結局、倒産とは、お金が底をついた状態。銀行からお金を借りようと、親戚からお金を借りようと、お金がなくならなければ、赤字でも倒産しないのです。

倒産はしていなくても、私がよく経営者から相談されるのが、「利益が出ているのに、なぜお金が残っていないのだろう？」という疑問です。ほとんどの経営者が、この摩訶不思議なカラクリに悩んでいます。反対に、「利益が出ていないのに、なぜお金が残っているのだろう?」という悩みは聞いたことがありません。

これを表わすのに、「勘定合って銭足らず」ということわざがあります。

予定通りに勘定は合っている(利益が出ている)のに、その分の銭が足りない(お金が残っていない)という意味です。現代的に表現すれば、「帳簿上の利益が発生しているのに、キャッシュが一致していない」ということになります。

黒字倒産の理由にはいくつかあります。後ほど、代表的なものをひとつずつ説明していきますが、すべてに共通しているものがあります。これがカラクリをひも解く大きな鍵になりますので、ご紹介しましょう。

すべてのカラクリはこれ! 「収支」と「損益」は違う!

決算書作成や税金計算のもとになるのは、会計知識です。その中でも「簿記」と呼ばれる記帳方法です。「簿記」とは「帳簿記入」の略です。

まず簡単なものから説明します。

「収支」は、**【収入－支出＝収支】**で計算されます。

つまり、入ってきたお金から、出ていったお金を引いたら、収支がわかります。

そして、もうひとつは応用編。会計知識が必要になります。

決算書は「貸借対照表」や「損益計算書」などで構成されています。そのうち、「損益計算書」について説明します。

損益計算書では、**【収益－費用＝利益】**として表示されます。

「収益」の代表格は「売上」です。「費用」は、俗称で「経費」とも呼びます。利益がマイナス（赤字）の場合は「損失」と表現します。

では、「収入」と「収益」の違い、「支出」と「費用」の違い、そして「収支」と「損益」は何が違うのでしょうか？

それは、**会計は「発生主義」で計算する**ことです。発生主義とは、入金の有無にかかわらず、モノを売った時点で収益（売上）とすることです。反対に、モノを買った場合も支払いの有無にかかわらず、費用とします。

具体例で説明します。

例：3月に商品200円分を仕入れて（現金支払）、3月中に300円で販売したけど、入金は翌月（4月）になる場合。3月末の時点ではこうなります。

収入0－支出200＝収支▲200
収益300－費用200＝損益100
このように、利益は100円出ているのに、お金（収支）は200円足りない。なぜなら、3月末時点では、300円を回収していないのに、収益となってしまうからです。

黒字倒産の原因

原因その1：代金回収ができない、または遅れる

事業の調子がよく、500万円の注文が入りました。今月20日には入金予定です。その分の仕入300万円は今月25日に支払う約束をしました。差引200万円の利益です。
ところが、注文したお客様から「支払いを月末まで待ってくれ！」と言われてしまいました。資金繰りが厳しくて期日の25日には逆さになっても払えないと……。結局、25日になり、自分も支払いができなくなってしまいました……。

原因その2：借入金が返済できずに黒字倒産

景気が上向き、1年先には新規事業に大量受注が舞い込んでくると予測。そのために、銀行で借入をして、機械を数台購入。銀行には60回払いで返済する予定です。

ところが、既存事業は黒字だけど新規事業は一向に受注が入らない。結局、借入を返済できなくなってしまいました……。

ここでも会計の知識が必要です。借りたお金は「借入金」という負債になります。いくら返済し続けても、負債が減るだけで、費用にはなりません。お金は出ていくのに、費用にならないため、損益は黒字でも、お金がショートしてしまうのです。

黒字倒産の回避方法

黒字倒産は、収益になるのにお金が入ってこないことや、費用にならないのにお金が出ていくことで起きます。そのため、これを回避するには次の方法が考えられます。

①掛売上をしない。または早期に回収する

例えば、飲食店は現金商売なので、回収が遅れて倒産する危険性は少ないです。可能なら前払いしてもらうとキャッシュフローはもっとよくなります。喫茶店などのコーヒーチケットがその例です。

②支払いはカード払いなどで、入金よりも遅らせる

これは、分割払いやリボ払いなど、長期で支払うことではありません。入金よりも、ほんの少し後に支払期日が来るようにするのがベストです。

③借入をしない

特に運転資金のための借入は危険です。一方、設備購入のための借入は決して悪くはありません。設備は固定資産として計上されることが多く、減価償却という方法で耐用年数の期間にわたって費用になります。

この減価償却費は、お金の支出と無関係に経費になるものです。借入をしたら、耐用年数と同じ年数で返済できるのがベストですが、なかなかそううまくいきません。

④キャッシュで設備を購入しない

設備を購入しても、全額がその年の費用になるわけではありません。固定資産に計上されるということは、費用にならないということです。その分、利益が出るので、追い打ちをかけて税金も多くなります。設備にお金を使ってしまったために、後でお金が足りなくなったという例はたくさんあります。

ワザ31

倒産のリスクを事前に知って、起業という冒険に出かけよう

倒産した後、会社や代表者はどうなる？

まず、個人事業と会社では手続きが異なります。

個人事業の場合は、代表者が自己破産することになります。一方、会社の場合は、借金などの支払いが免除されます。わざわざ、社長が借金を肩代わりしなくてもよいのです。

つまり、会社が倒産しても、社長は自己破産しなくて済むのが原則です。

そう聞くと、「法人のほうが有利！」と思ってしまいがちですが、実際は甘くないのが現実です。

融資を受けると、会社だけでなく、社長が**「連帯保証人」**になります。

大企業ならともかく、中小企業では、会社のお金で借金が返済できないと、社長のお金を会社に入れてでも返済していくことになります。そのため、借金が返済できない状態と

いうのは、すでに社長自身のお金も底をついている状態なのです。

会社が倒産すれば、社長が連帯保証しなければなりませんが、社長ももう返せる状態ではないのです。結局、社長も自己破産せざるを得ないのが現実です。

自己破産すると、どんなデメリットが待ち構えているのか？

①財産を没収される

自己破産したからといって、すべての財産が没収されるわけではありません。

マイホームやマイカーは没収されますが、99万円までの現金、1品20万円以下の財産は残すことができるのです。生命保険でも、解約したら20万円以下しか戻ってこないものであれば、継続できます。

②ブラックリストに載る

自己破産すると、信用情報機関のブラックリストへ登録され、その情報は金融機関で共有されます。

ブラックリストは信用情報機関により、5～10年経たないと削除されません。その間は、新たな借金をしたりクレジットカードをつくることができなくなります。

③引越しや長期旅行が制限されることも

自己破産の手続きがはじまると、財産などの調査を行なうため、引越しや長期旅行するのに裁判所の許可が必要になることがあります。

④資格や職業によっては制限を受ける

自己破産の手続きを行なうと、弁護士や税理士などの士業は制限を受けます。医師は制限を受けません。法律やお金を扱う仕事ではないからです。

しかし、この制限はずっと続くわけではなく、約3ヶ月～6ヶ月の期間だけです。

その他の疑問にお答えします

Q1：会社や子どもの学校にバレるのか？

A1：官報には掲載されますが、一般人が官報を見ることはほぼありません。会社や学校に知られる可能性は少ないでしょう。

Q2：アパートは借りられるのか？

A2：保証人になってもらえる人がいれば借りられます。でも、なかなか保証人になってくれる人はいません。ましてや自己破産した人だとなおさらです。

保証人の代わりに、保証会社を通す場合があります。この場合、審査がありますので、断られてしまうことが多いようです。公営住宅の場合、自己破産に関係なく申し込める場合も多いようです。

Q3：税金も免除されるのか？

A3：滞納していた税金や社会保険料は免除されません。

Q4：養育費は免除されるのか？

A4：離婚して養育費を支払う義務がある場合、免除されません。

Q5：生活保護は受けられるのか？

A5：生活保護を受給することはできます。ただし、仕事をして生活できるだけの収入があると受けられません。

朗報！　自己破産しなくても借金が減らせる⁉

自己破産、ちょっと待った！

弁護士や裁判所に頼んで、借金を減らす手続きをしてもらうことができる場合がありま す。それが**「任意整理」**など（個人再生とか特定調停という方法もあります）と呼ばれる ものです。

国が法律で認めた合法的な方法ですが、必ずしも借金減額に応じてくれるとは限りませ ん。

「自己破産」すると、必ずマイホームも没収されてしまいます。一方で「任意整理」は、 他の借金は減額するのに、**マイホームだけは残すことができる**ために、住宅ローンを払い 続けることが可能です。なんて、わがままな制度なのでしょう！

リスクを事前に知っておけば怖さも減る？

仮に、あなたがヨットで世界一周したり、エベレストに登ったりするなどの冒険をする 場合、どんな危険（リスク）があるか考えませんか？

起業も同じく冒険です。

最悪のリスクが倒産です。誰でも倒産したくないし、まさか自分が倒産すると思っていません。

「ヤバいかも」と思って初めて、調べたり、人に相談したりすることでしょう。資金繰りにヒヤヒヤして、眠れぬ夜を過ごした経験を、一度や二度はしている起業家は多くいます。

怖さがなくなることはありません。むしろ、怖さがなくなるということは、リスクに対しての防御力が落ちている可能性があるので、危険です。

恐れや不安を感じられるということは、リスクを事前に察しているということなので、事前に備えができるということです。

怖さを受け入れ、リスクに対し冷静に備え、夢に向かって進んでいきましょう。

7章

一度身につけたら一生使える！起業を成功させる「お金のスキル」

同じ商品・サービスでも「計数感覚」が勝敗を分ける現実

本題に入る前に、ここで簡単な計算例を考えてみましょう。

1個150円で仕入れて200円で販売しました。ただし家賃が100円発生しました。

この場合、利益は▲50円です。

では、もしこれが3個売れていたらどうだったでしょうか。

3個売れるので200円×3個＝600円、仕入は150円×3個＝450円、家賃は同じく100円発生するので、差引利益は50円の黒字になりました。

何が違うかといえば、売れた数が多いからというのはわかりますよね。

もし3個売れるようにするために、広告宣伝費を300円使っていたとしたら、今度はどうでしょうか？

先ほどの差引利益から、300円支払います。

すると50円−300円＝▲250円の赤字になります。

冷静に考えると、広告宣伝費をかけて3個売るよりも、何もせずに1個売っていたほうが50円の赤字だからマシだったんじゃないの？　ということになります。

小学生の算数問題みたいですよね。

この例だと、広告費をかけた経営者の判断が失敗したということになります。でも、多くの経営者は3個売れたことに喜んでしまいます。

なぜなら、売上はわかりやすいが、利益はわかりにくいからです。

「計数感覚」とは、お金の流れを瞬時に読むことです。

では、どうすれば経営に使える「計数感覚」を磨くことができるのでしょうか？

まずは、きちんと帳簿をつけて、毎月の利益を把握することです。

頭の中で漠然と考えている利益（感覚的な利益）が、実際に計算した利益と近いかをチェックしてみましょう。

もし、大きく差があるようならば、なぜ違ったのかを確認してください。

それを繰り返していくうちに、「計数感覚」が研ぎ澄まされていくでしょう。

ちょっとした判断が命取り！　「儲け」のトリック

「儲け」とは利益のことです。売上から費用を引くと利益が計算できます。

経営者は利益を増やすために、売上を増やす努力をします。しかし、費用を減らすことでも利益は増えます。

では、どの費用を減らせばよいのか？　その答えは費用を2つに分類することで見えてきます。

「儲け」を決める　変動費と固定費

シンプルに見ていくと、費用は次の2つに分かれます。

変動費：売上高に比例して費用が増えるもの。

代表的なものは、原価です。左の図を見ていただくと、売上が増えれば増えるほど、原価もかかってくるので、費用もそれに従い増えていくのがわかるでしょう。

変動費

売上高に応じて変動する費用（原価etc.）

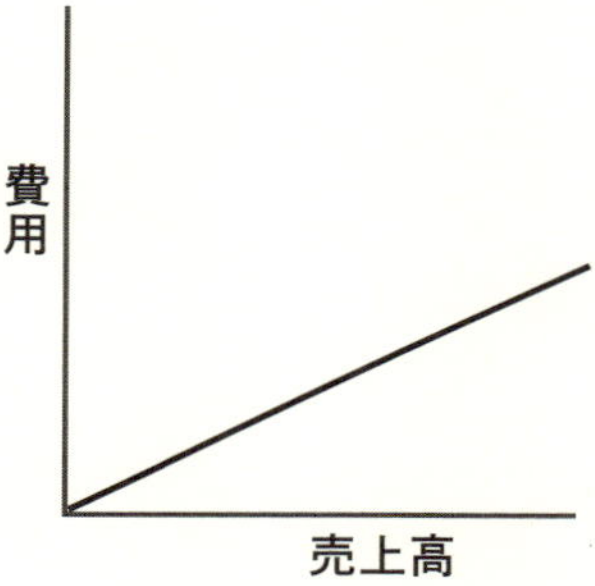

固定費

売上高の変化にかかわらず固定的に発生する費用（人件費、家賃、広告宣伝費etc.）

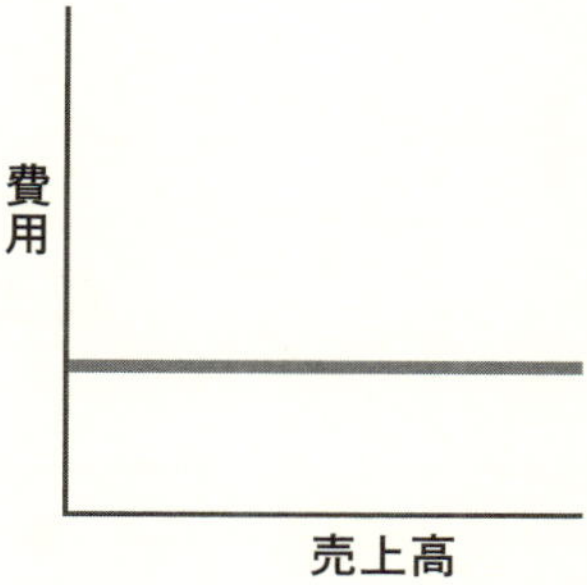

「儲け」を決める 変動費と固定費

売上高 －（変動費＋固定費）＝利益

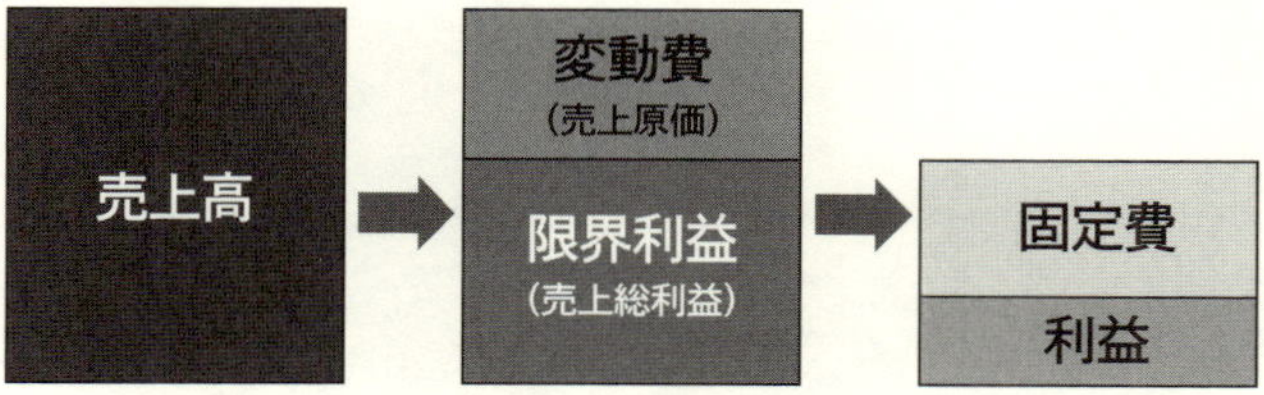

売上高－変動費＝限界利益

限界利益－固定費＝利益

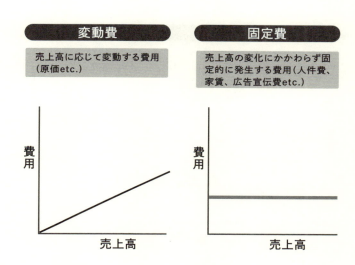

損益分岐点分析

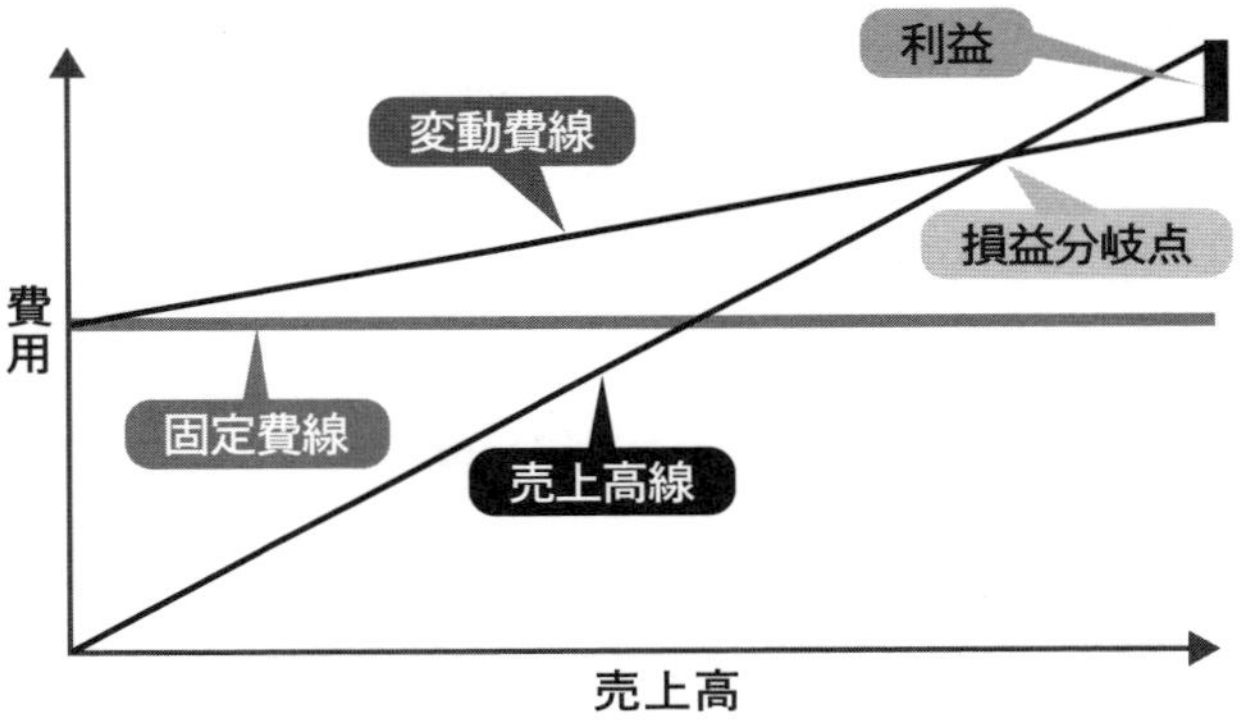

固定費：家賃のように売れても売れなくても費用が発生するもの。

家賃は、売上の増減に関係なく、毎月同額の費用が発生します。

経営は、変動費と固定費の２つの組み合わせで成り立っています。

売上から変動費と固定費を引いたら利益、ということをわかりやすく説明するために、図で説明しましょう（前ページ下）。

まず売上があります。売上原価、つまり変動費を引いたら限界利益になります（決算書での売上総利益に近い）。ここから固定費を引いたら利益という構造です。

次にグラフをつくって、ビジュアルでわかるようにしましょう。

［Step1］何も考えずに、売上高と費用の真ん中に、45度で線を引きます。これを売上高線と呼びます。

［Step2］固定費線を引きます。売上ゼロでも絶対かかるのが固定費です。

［Step3］固定費の線をスタートとして、変動費の線を入れます。変動費は商品が1個売れ、2個売れ、3個売れていくと、それに従い増えていきます。

ほとんどの場合、売る値段よりは原価が低いので、売上高線よりも変動費線のほうがなだらかな線になります。

［Step4］売上高線と変動費線が交わっているところがあります。この交わっているところが、損益分岐点です。

この図は、薄利多売なのか高付加価値のビジネスなのかによって、全然違う結果になります。

では、早く損益分岐点を超えるには、どう改善していけばいいのかをお伝えします。

対策①　売上高を増やす

改善方法の1つ目は、売上高を増やす方法です。

売上高線が、右上にずっと伸びていきます。

そして損益分岐点を超えると、どんどん利益幅が多くなっていきます。

この例の固定費・変動費の場合はこのようなグラフですが、ぜひ自社でやってみてください。仮に変動費が全然ないところは、固定費線を超えたところから、売上が増えれば増えるほど、利益幅が多くなってきます。

対策②　固定費を下げる

改善方法の2つ目として、固定費を下げる方法です。

固定費を表わす線を、下に下げてみましょう。線を下に下げると、上の変動費の線も連動して下に下がってきます。

そうすると損益分岐点が左下に移動します。つまりリスクが減るということです。

究極の話、この固定費が0になったら、絶対に損はしません。

経営改善

対策①売上高を増やす

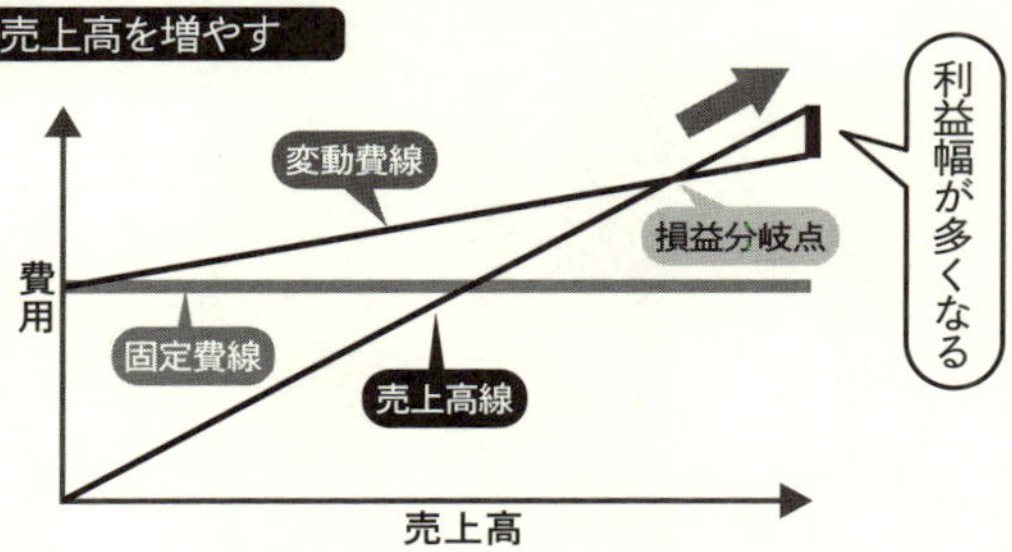

対策②固定費を下げる

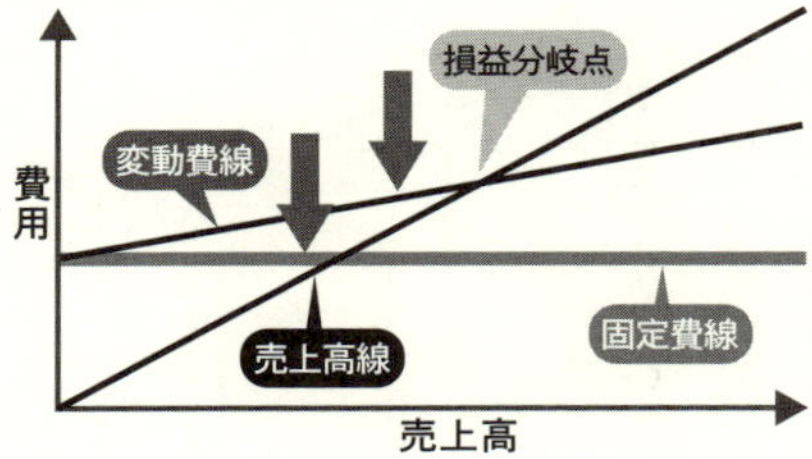

対策③変動費を下げる

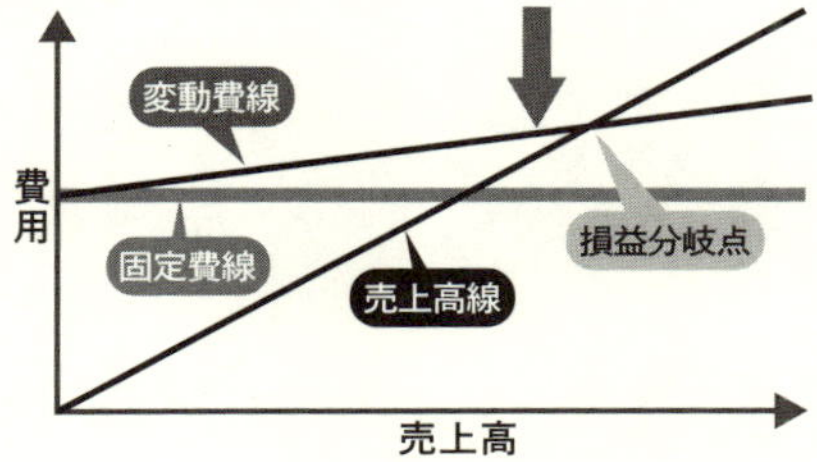

対策③　変動費を下げる

改善方法の３つ目として、変動費を下げたらどうなるのでしょうか？

変動費線がなだらかになります。そうすると損益分岐点も、左下に移動します。

まとめると、固定費が大きいビジネスは固定費を改善すると、大きな効果が得られます。固定費は小さく、変動費が大きいビジネスの場合、原価（変動費）を下げると効果が大きくなります。

損益分岐点の売上高を計算する公式もあります。複雑になるので今回は省略しますが、興味を持たれた方はぜひ調べてみてください。

変動費と固定費は、決算書をパッと見てもわからない

税務署に提出する決算書では、「変動費」「固定費」という区分が求められていません。なので、簿記を勉強したことがある方でも変動費と固定費という用語を初めて聞いたかもしれません。

決算書に変動費と固定費という区分がされていないのは仕方がないことです。なぜなら目的が違うからです。

決算書は外部の人にわかりやすく説明することが目的です。零細企業でいう外部とは、金融機関や税務署です。外部に説明するものを専門用語で「財務会計」と言います。

それに対して、内部で会計を活用することを「管理会計」と言います。つまり、本項で説明してきた変動費・固定費の話は管理会計の内容です。管理会計は、儲けのための会計と言えます。

売上と原価のビミョーな関係

まずは売上と原価、つまり変動費の関係です。ぜひ計算してください。電卓が手元になくても大丈夫です。

問題1　原価率が高い（薄利多売）場合

売価100円・原価80円で100個売れました。
損益を出すと、
売価100円×100個=売上1万円
原価80円×100個=仕入8000円
粗利益2000円
粗利益率は、粗利益20円（100円−80円）／売価100円=20％です。
この前提で、以下の3つのパターンを計算していただきます。

①売価だけ20％アップした場合
②数量だけ20％アップした場合（売価は１００円のまま）
③原価を20％ダウンした場合

その結果、変更後の粗利益の金額がどのように変わるでしょうか。一番粗利益の多いものから順位をつけてみましょう。

①売価１００円を20％アップするので、１２０円です。数量は変わりません。
数量が変わらないので原価はそのまま８０００円です。
利益は、1万２０００円－８０００円＝４０００円。
元々２０００円の利益が４０００円に増えたので、利益は＋２０００円です。

②売価は１００円のまま、数量を１２０個にすると、売上高は1万２０００円です。
売上高は①と変わりませんが、数量が増えたので、原価もその分増えます。
ここでは９６００円になります。
利益は、1万２０００円－９６００円＝２４００円。

元々２０００円の利益から、＋４００円だけ増えました。

③売価・数量は変わらないですが、原価が1個20％引きになれば、1個64円になります。

１００個で６４００円の原価です。

利益は、1万円－６４００円＝３６００円。利益は＋１６００円です。

順位は、1位：①売価20％アップ、2位：③原価20％ダウン、3位：②数量20％アップ、となりました。

何が言いたいのかというと、**原価が高いと数量を増やしても効果が薄いということです。むしろ、それならば、たくさん売るよりも、売価や原価を改善する努力をしたほうが効果は大きくなります。**

問題2　原価率が低い（高付加価値）場合

先ほどとの違いは、原価が20円になったことです。

原価が変わるとどうなるでしょうか？　同じ①〜③のパターンを見てみましょう。

①売価は120円で、問題1と同じです。原価は20円×100個＝2000円。
利益は、1万2000円－2000円＝1万円。
当初8000円の利益が1万円に増えたので、利益は＋2000円です。

②数量がアップすると売上原価も数が増えるのでアップします。
利益は、1万2000円－2400円＝9600円。
当初8000円の利益が9600円に増えたので、利益は＋1600円です。

③原価が20％ダウンした場合、売上原価が1600円に下がります。
利益は、1万円－1600円＝8400円。
当初8000円の利益は8400円にしか増えず、利益は＋400円です。

順位はこのようになりました。1位：①売価20％アップ、2位：②数量20％アップ、3位：③原価20％ダウン、です。

前述の問題1「原価率が高い場合」となぜ順位が変わったのでしょうか？

原価率が低い場合は、原価をさらに下げる努力しても、あまり効果が生まれないからです。一方、原価率が高い場合は、原価を改善すると効果があります。

計算してみると、こんなの当たり前じゃないか、という結果かもしれません。

でも、「経営改善します」と言った時に、そもそもあなたがやっているビジネスは、**原価が高い業種なのか、低い業種なのか、それによって打つ手が違う**ということに気づいていただきたいのです。

多くの人がやりがちなのが、数量ばかり増やそうとすることです。

でも、どちらのパターンでも1位にはなっていませんでした。

ということは、数量ばかりに目を向けるのではなくて、売価を上げるか原価を下げる努力が必要なのです。

売価を上げると数量が減るという危険性があります。この例はあくまでもシミュレーションなので、現場ではお客様の購買意欲の変化にも目を向ける必要があります。

キャッシュを増やす8つの方法

今までは「損益」の話でした。ここからは「キャッシュ」、つまり、お金の話です。起業家の悩みの第1位は「お金」です。

どんなに儲かるビジネスを考えついても、どんなに準備しても、どんなに働いても、途中でお金がなくなったら、すべておしまいです。赤字でもいいのです。お金さえなくならなければビジネスは廃業しません。それぐらい、キャッシュは重要なのです。

では、キャッシュを増やす方法です。大まかには次のような方法があります。

①売上を上げる
②原価を減らす
③固定費を減らす
④税金を減らす
⑤請求を早くする
⑥入金サイトを早める（前払制度をつくる）

⑦支払サイトを遅らせる（クレジットカードの活用、給与の締日と支払日の調整）

⑧借入をする

前項では利益を生む方法でしたが、キャッシュを重視した場合はポイントが少し変わってきます。

この中で、⑦支払サイトを遅らせるとは、例えば現金で買うのをやめて、カードで買って、２ヶ月後に支払うということです。「カードで買うなんて借金みたいで嫌だ」という意見もあります。しかし、売上代金も月をまたいで遅れて入金されることがあります。それならば、支払を先に済まさなくてもよいのではないでしょうか。

特に、資金に余裕のない起業時には、手元資金は減らしたくありません。

現金商売以外の経営者の大半が「利益が出ているのに、お金がない」と悩む理由は、利益とキャッシュの違いにあるのです。

それなのに、金融機関から運転資金を借りて、利息を払っているほうがナンセンスです。

また、お金がないために、ビジネスチャンスを逃していることも多くあります。

儲けの最大のレバレッジは、需要と供給の不均衡

儲けの最大のレバレッジ、つまり、てこの働きを使って、最大限に儲けるポイントは、**「需要と供給のアンバランス（不均衡）」**です。

砂漠で水を売る場合を考えてみましょう。砂漠で喉が渇いて死にそうな人は、元々は100円のペットボトルの水であろうと、全財産を払うでしょう。

これは究極のたとえ話ですが、現実的に身近ないろいろな場面でアンバランスが起きています。例えば、ホテルに宿泊した時、目の前のコンビニでは250円で売っているビールが、ホテルで買うと350円だったりします。

なぜ350円なのかと言えば、わざわざ着替えて外のコンビニまで買いに行くのが面倒くさいなどの理由で、350円でも買ってくれるからということです。

お金の交換機能

そもそもお金には交換機能があります。

例えば原始時代、海で魚を獲る部族がいたとします。しかし、大量に獲っても腐ってし

まいます。「たまには野菜や肉も食べたいな」と思うでしょう。

反対に、山にいる部族は野菜や果物や動物の肉が獲れるけれど、同じように野菜や肉も腐ってしまう。魚の味も恋しくなるでしょう。

では、海の部族と山の部族で物々交換すればいいじゃないかという発想です。

ところが、同じタイミングや同じ量を、お互いがいつも交換できるとは限りません。

そこで、その時に一旦何に交換すればいいのかと言えば、「お金」というものに変えておけば、いつでもほしい時にお金で買うことができます。

大昔のお金には貝が使われていました。そのため、現在でも「購買」や「貯金」「財産」のように、お金にかかわる漢字には「貝」が使われています。

お金がモノとモノの間に介することが「交換機能」と呼ばれるのです。

絞ればオンリーワン

このお金の交換機能は「需要と供給」そのものです。

例えば、多くの人が通販で商品を売ろうとします。すると、全国が対象なので値段が均衡になります。同じようなものを自分より安い値段で売っていたら、お客様はそちらで買われてしまいます。すると、価格競争に巻き込まれてしまいます。

それならば、エリアを狭いところへ絞っていったほうが、意外と儲けられることがあるかもしれません。ネット社会だからこそ、逆にニッチな物が選ばれることがあるのです。**いくらネットで全国が競争相手でも、売る人（供給）が少なくて、買いたい人（需要）がいると、確実に売れるし、競争相手がいないので、値段も高く売れる可能性があります。**

私のお客様で、ミニカーを1000台以上飾ってある居酒屋「店長のひとりごと」というお店が名古屋にあります。そこには全国からお客様が来ます。

この居酒屋さんの料理はおいしいですが、全国から人が来る店というのは稀です。いくらミニカー好きでも、わざわざ全国から名古屋まで足を運ぶのは少ないかもしれません。しかし、もし東京のミニカー好きな人が大阪に出張する予定があれば、ついでに名古屋へ立ち寄ることが起こります。この店でなければならない理由があるからです。

つまりお客様が、自分の店を選ぶ理由をつくってあげることが大切です。

需要は少ないかもしれないけど、供給はもっと少ない。

マーケティング的に言えば、何が自分の売りかをきちんと明確にしているところが少ないから、ニーズにマッチすればエリアが広がっていったりするのです。

収入源をいくつか持つ――キャッシュミックス

例えば、私には税理士業というひとつのビジネスがあります。税務顧問料や記帳代行料がメインの収入源です。

しかしそれ以外に、業務効率化コンサルティングや、お金の心理学講師や、セミナー・イベントの主催収入など、ここに書ききれないぐらい、いくつかのキャッシュポイントがあります。

みなさんのビジネスでも、その中にキャッシュポイントがいくつあるのかをまずはピックアップすることをおすすめします。その中で組み合わせて（ミックス）いくのです。**キャッシュポイントがたくさんあると、リスク回避にもつながります。**ひとつでは、時代の流れに早すぎたり遅れていたりして、お金にならなかったりします。

それが組み合わせ次第で、リスク回避が可能になります。

では、どのような組み合わせをするのがベストでしょうか？

・キャッシュの「大小」の組み合わせ

まずはキャッシュの「大小」の組み合わせです。
薄利多売のビジネスだったら、利益率の高いキャッシュポイントをつくりましょう。

・キャッシュの「タイミング」の組み合わせ

もうひとつは、キャッシュが入るタイミングです。特に、起業する人は重視してほしいことです。

「いつお金に変わるのか？」と考える起業家はとても少ないです。

しかし、これを知っておくとお金のスキルが上がります。

例えば、キャッシュになるタイミングが早いビジネスをしている人だったら、反対にキャッシュになるのが遅いけど、利益率が高そうなものを組み合せるのも方法です。

不安定なビジネスをしている人だったら、安定的なキャッシュポイントを考えてみるのもいいでしょう。

例えば、システム会社で、システムを300万円で販売して完結しているようなキャッシュポイントだったら、最初に200万円で販売して、後は保守料として月額5万円を60ヶ月で契約すれば、収入合計は500万円になります。

つまり、最初に300万円もらっておしまいとするよりも、最初は200万円しかもらわないけど、5年間（60ヶ月）でトータル500万円もらうことが可能です。

もちろん、最初にもらう金額が100万円少なくなって、それで資金ショートしてしまうことがあれば、その方法は間違っているかもしれません。

ただ、収入が300万円から500万円に上がるようなら、そんなチャンスを見逃すよりも、融資を受けてでも取り組んだほうが得策です。

ここで、もうひとつ重要なのは、**同じものを売っていても、売り方を変えれば利益は大きく変わる**ということです。

商品開発と同じぐらい時間をかけて研究していただきたいテーマですので、次項で詳しく解説します。

「桃栗3年 柿8年」、起業時は「もやし」もつくろう
——キャッシュタイミング

「桃栗3年柿8年」ということわざがあります。

このことわざは「実がなるまでには、それなりの年月が必要です」ということです。

ビジネスも同じです。もし、あなたのビジネスがお金に変わるまでに8年もかかってしまったら、普通はお金が底をついてしまいます。

もしそれでもやりたかったら、もやしを栽培するように、早くお金になるものを組み合わせていかないと続かなくなってしまいます。

ほとんどの経営者が考えていないのが「いつお金が入ってくるようにするのか？」という戦略。キャッシュタイミングを考えるに当たっては、次の4つをぜひ意識してください。

①ビジネスモデル構築期間・・・ビジネスモデルをつくりあげるまでの期間

もし、自分のアイデアをビジネスにしていくために、いろいろと考えたり手配をしたり、専門家に聞いたりしていくために10年かかったとすれば、10年間お金が入ってこないわけです。

②収益軌道期間…ビジネスモデルを実行してから、収益が軌道に乗るまでの期間

「立ち上げました」と言っても、なかなか軌道に乗らないものか？　パッと軌道に乗りやすいものか？　という軌道に乗るまでの期間も考えましょう。

③収益持続期間…ビジネスモデルが軌道に乗ってから稼ぐことができる期間

もし軌道に乗れば、なるべくその期間は持続してほしいものです。そのため、単発で売っておしまいではなくて、長く継続ができる方法も考えてください。

④収益安定性…ビジネスモデルから生まれる収益が安定しているか不安定か

・不定期な既存ビジネスなら、低額でもいいので固定収入を確保する方法を構築する
・定期的な既存ビジネスなら、高額な臨時収入を確保することで収益アップ
・労働集約産業の既存ビジネスなら、販売やコミッション収入の確保

④はリスク回避にもなります。
不定期な収入のビジネスだったら、ぜひ、安定的な固定収入を得たいですよね。

私たち税理士業はよく、「顧問料で来月の収入金額が事前にわかるからいいよね」と言われます。これが同じ士業でも、司法書士だと登記手続きなど単発の仕事のため、来月はいくらのお金が入るかわかりません。

儲かるか儲からないかは別として、お金が入ってくるかこないかという点で、固定収入は安定しますし、安心です。

ですから、不定期の収入の場合は利益率が下がっても、固定収入を確保することを心がけましょう。


例えば、『FREE』（NKH出版）という本がベストセラーになりました。

そこに「フリー戦略」というものがあります。ゲームのアプリは無料でダウンロードできますが、どうやって儲けているかと言うと、ゲームなどのアプリを無料にして、まずは多くの人を集めます。この時点では大赤字です。しかし、課金制度で一部のヘビーユーザーからお金をもらうというビジネスモデルです。

これはアプリというコンテンツビジネスだから成り立つ、今どきのビジネスモデルです。無料にしておいても、サーバーの負担以外、変動費が増えないからです。最初は損をしてでも売る代わりに、後にドデカく稼ぐ方法です。

私の東京のお客様で、「服部整骨院」があります。

接骨院は通常、施術していくらという労働集約産業ですが、そのお客様は、クラブチームに所属しているサッカー選手を患者に抱えています。

そのため、院内でテーピングやスポーツドリンクも取り扱っています。さらに施術と施術の間にある、スタッフの空き時間などを利用して、Amazon や Yahoo!、楽天などの通販でも売るようにしました。

これが結構売れているのです。

そもそも、施術と施術の空き時間を活用しているので、人件費は変わりません。つまり粗利がそのまま儲けになります。

さらに、仕入量が増えると、仕入価格も安くなるので、院内販売分の原価も下がり、よいことづくしです。

あなたもぜひ、収益の安定につながる方法を考えてみてください。

8章

起業3年目までに大きく差がつくのは損得「感情」

損得には「感情」がある！
「損得勘定」と「損得感情」

人間は賢い動物です。物事を損か得か計算できます。損してしまうと、気持ちが落ち込んだり、イライラしたりする感情が沸いてきます。

損得による感情の振れ幅は、人によって違います。損しても、まったく動じない人もいますが、これも問題があります。**本来、損をすると人間の本能として「危険」だという信号がつきます。**「損した」事実は冷静に受け止めて、改善する努力が必要です。

しかし、損したことに対して、取り乱してしまい、冷静さを失うのも危険です。ギャンブルで損したからといって、「なんとか取り返してやる！」と頭に血がのぼるとろくな結果を招きません。また、ギャンブルなどで儲かると、「得した」事実に、感情が過剰に反応してしまうのも危険です。

つまり、

得した　→　快　→　もっと味わいたい　→　中毒症
損した　→　不快　→　もう味わいたくない　→　恐怖症

となります。

人間の本能は快を求め、不快を避けようとします。楽しいことは好きだけど、つらい・痛いことは嫌いなのです。

得した快感をもっと味わいたいと、本能のまま行動し続ければ、それは中毒症を招きます。反対に、もう二度と損したくないと避け続けると、それは恐怖症を招きます。

どちらも、度が過ぎてしまわないようにしたいものです。

そこで、お金とのつき合い方を学びましょう。

例えば、なかなか貯金ができない人に、「簡単だよー。支出を少しだけ減らせばいいんだから」とアドバイスをしたとします。

本人はそんなことぐらいわかっています。それができないから困っているのです。

「わかっちゃいるけど、やめられない（動けない）」

これが人間です。決して悪いことではありません。過去に、そうしたほうがよいと思った経験があり、その教訓が自分の生き方になっているからです。

では、どう改善すればよいのでしょうか？

あなたのお金の価値観をリニューアル！

価値観は、あなたが親から何度も言われ続けたことや、インパクトの大きな体験をした時に出来上がります。

そして、その価値観が今の現実をつくり出しています。

価値観の例をあげてみましょう。

・食べ放題は、元を取らなければ損する
・お値打ち品は買ったほうがよい
・おごってもらったなら、それなりの感謝を表わすべきだ
・支払いはなるべく早く済ませたほうがよい
・お金を気にしない性格のほうがカッコイイ
・稼いでいる人は素晴らしい人が多い
・失敗するぐらいなら、やらないほうがマシ　など

これらが、あなたのお金とのつき合い方を決めています。もし、自分の価値観を変えた

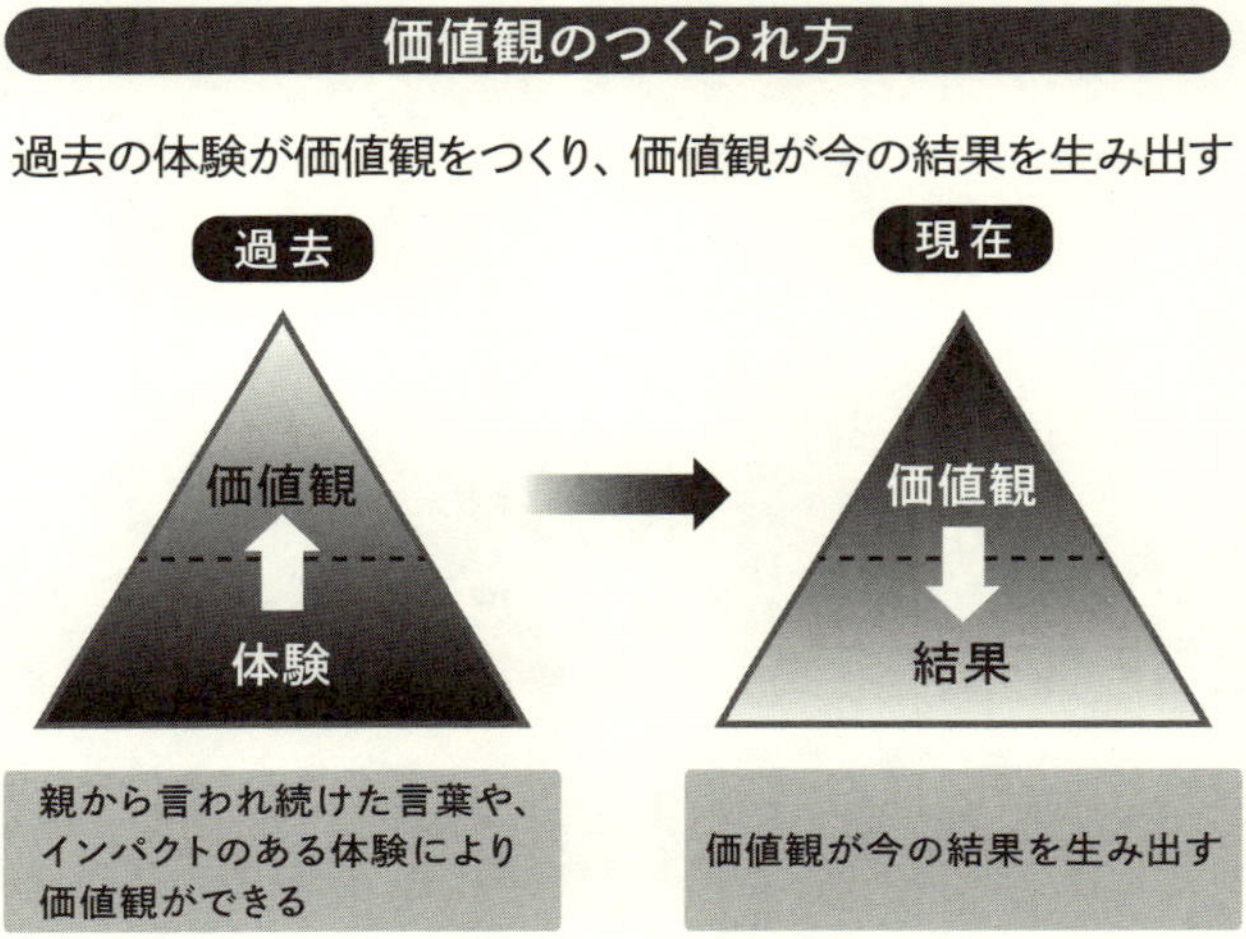

いと思うなら、まずは価値観が出来上がった過去の言葉や体験というルーツに戻る必要があります。

それらを、この後の項目で見ていきましょう。

「お金がほしい」と言うのは悪いことか？よいことか？

「お金がほしい」と公言すると、世の中では、いやしい人だと見られるでしょう。
しかし、「お金がほしい」と思った人にしか、お金は回ってきません。
だからこそ、過去にお金に苦労した人が、世間や特定の誰かを見返してやる気持ちで頑張り、お金を手に入れる例が多いのです。

ただし、**「お金がほしい」という思いは消さずに、うちに秘めていたほうがパワーを発揮する**のも事実です。怒りでも欲望でも、言いたいけど言えない（言わない）場合が、一番パワーを秘めているのです。

それを外に出す、例えば怒りを外に出す時は、ダムが崩壊したかのごとく最大限のパワーが出ますが、まわりを不快にさせることもありますし、その後パワーは減ってしまいます。

「お金がほしい」と思うのは、潜在意識的には「私は今お金を持っていない」と認めているようなもの。この言葉は「この先お金が入る予感がする」とか「このやり方や生き方をしていたら、お金が入ってこないわけがない」と言い換えるようにしましょう。

つまり、「当たり前」と思うようにすることです。

例えば、毎月営業成績が1位の営業マンは、来月目指すのも1位です。まさか最下位になるなんて想像できないでしょう。

私のポリシーは**「儲ける」のではなく「儲かる」ようにすること**です。

そのためには「このやり方をしていたら、お金が入ってこないわけがない」という経営スタイルを確立し、儲かることが当たり前の経営を目指しましょう。

「代金」という相対的価値——稼ぎ方のスキル

サラリーマン的価値から、経営者的価値へ

サラリーマン時代は働くことで給料をもらっていました。つまり**「労働」の対価**です。
しかし、起業するとあなたの価値は労働だけに限りません。

以前、青色発光ダイオード（ＬＥＤ）を発明した中村修二氏が訴訟を起こしたことで、仕事の評価がクローズアップされました。

結局、会社が8億4391万円支払うことで和解となりましたが、一審では200億円の支払いを命ずる判決が出ています。特許により会社は儲けているはずですが、中村さんに支払われた手当はそれに比べれば、微々たるものだと思います。

なぜ問題になったのかといえば、中村さんと会社との契約は給与、つまり労働の対価だからです。それがサラリーマンとしての価値だからです。

起業して失敗するのは、経営者になっても、自分の時給、つまり労働の対価から価格設定をしてしまう場合が多いということです。

それが世の中の相場になっていることが多いですが、もし、あなたの商品やサービスが喉から手が出るほどほしい人なら、その価格設定は必ずしも正しいとは言えません。

もし、あなたが高級寿司の大将として長年働いてきて、今回、100円回転寿司店をオープンしたとします。これまでのようにネタと腕にこだわって大将自ら寿司を握っているのに、100円で提供したら、店は潰れてしまいます。

当たり前のような事例でお話していますが、多くの起業家がやってしまう過ちです。

サラリーマン感覚から抜け出すためには、まず給与やバイトなどの労働ではなく、1円でもいいから、やってみたいことで収入を得ることです。無料や物々交換はダメです。お金でもらってください。

「代金」という言葉

お金は「相対的」です。「何と比べて価値があるのか?」です。

「代金」という漢字は、何かの代わりにお金を払うということ。砂漠で水がほしい人がいれば、100円で買える水でも、1万円でも100万円でも売れるかもしれません。つまり、ここでお伝えしたいことは、ほしい人にとって原価は関係ないということです。

前章でも述べましたが、経済全体で見れば、「需要と供給のバランス」です。

面白い話を聞いたことがありますので、ご紹介させていただきます。

クイズです。

あなたが「これには一番お金を払う」と考える漢字一文字を、次の言葉にあてはめてみてください。何でしょうか？


「〇代金」


おそらく多くの方が「身代金」となったでしょう。身体の代わりに払うお金。もし、我が子が誘拐されたら、全財産どころか借金してでも払いませんか？

悩みや問題を抱えている人にとって、あなたの商品やサービスは、売り手のあなた以上に価値を感じてくれるかもしれません。

世の中にはあなたの商品を購入したい人や、サービスを受けたがっている人たちが必ずいます。それを信じれば、宣伝することに抵抗はなくなります。そう考えたら、自分の提供しているものを絶対に届けたいと思いませんか？

お金の「拒食症」に注意！もらう抵抗は、使う金額で消える
——使い方のスキル

お金にも「拒食症」があります。しかも、多くの人が抜け出せないままでいます。

これは、「世の中には自分より知識も経験もある人がいるのに、こんな私がお金をもらう資格はない。支払ってもらっても申し訳ない」と、起業時に感じる人に当てはまります。


このような場合は、潜在意識から変えないとうまくいきません。

まず知っていただきたいことは、金銭感覚は人によって違うということです。

例えば、あなたが似顔絵師で、値段はお客様任せで描いたとします。すると、出来栄えに喜んで3000円払ってくれる人もいれば、反対に、満足していないけど依頼した以上、仕方がないと思って5000円払ってくれた人もいました。

何かおかしくありませんか？　価値を感じてくれている人のほうが、価値を感じてくれ

ていない人よりも安いのです。

ここでお伝えしたいことは、**「価値をお金に換算すると、人によって金銭感覚が違う」**ということです。


そして金銭感覚が低いのは、もしかするとあなたも同じかもしれません。

なぜなら、もらうことに抵抗がある人は、払うことにも抵抗がある場合が多いからです。

それを潜在意識から変えるのに、よい方法があります。

それは、あなたが素晴らしいけど、なかなか手が出ないと思うサービスや商品を一度買ってみることです。それ自体にも、大きな抵抗が起きるでしょう。

例えば、新幹線のグリーン車。グリーン車がいいかどうかは別として、いつもグリーン車に乗る人とそうでない人が、同じサービスを受けた時、支払う金額が大きいのは、多分いつもグリーン車に乗っている人だと思います。

あなたは「それはお金持ちだからでしょ？」と思いますよね？

たしかに、年収が高い人のほうが多く払う可能性はあります。しかし、何よりグリーン車の料金にその金額だけの価値があると思っている人たちだからです。

そして、やはり、こういう人のほうが成功しやすいのです。

お金と幸福度の関係

ノーベル経済学賞を受賞したダニエル・カーネマン教授という人がいます。経済学賞を受賞していますが心理学者です。

この人がある研究をしました。

それは「感情的幸福がベストな収入はいくらか?」という研究です。

いくらぐらいだと思いますか?

「これでいい」ではなく、「ベスト」で考えてください。

それによると、感情的幸福は年収7万5000ドル（1ドル＝112円として、約840万円）です。

年収7万5000ドルまでは、収入に比例して感情的幸福は増えますが、それを超えると比例しなくなると言います。

ちなみに、アメリカの一世帯当たりの平均年収は中央値で5万6500ドルなので、平均よりも「1・3倍」稼ぐのがよいとも言えます。

日本の世帯平均年収は４２８万円なので、これを１・３倍してみると「５６０万円」になります。

収入が低いと日常生活に支障をきたします。しかし、一定限度を超えると、幸福度は上がらなくなるようです。

そもそも金銭による幸せというのは長続きしないものです。人間は収入が増えれば増えるほど、今度はそれが当たり前になってしまうからです。

なぜ幸福度が下がるかというと、仕事がハードになり身体を壊したり、家庭が崩壊したりすることがあるからです。つまり、前述の年収がちょうどよいバランスということなのでしょう。

成長のブレーキはメンタルブロック
――あなたのお金の履歴書

お金に対してメンタルブロックがある場合、そのほとんどの原因は**「偶然できてしまったお金の価値観」**です。

自分のお金の価値観を知るための最初の一歩は、自分がお金に関して過去にどのような体験があったのかを探ることです。両親のお金の価値観や、仕事をしている時の後ろ姿が、子どもに大きく影響することはよくあることです。

あなたのお金の価値観が、今の結果を生んでいます。

例えば、ここに一本のりんごの木があるとします。木にはりんごが実ります。

そして、実ったりんごを見ながら「数が少ない、小さすぎる、味がよくない」と不満を言うとします。

それは、りんご、つまり「結果」を見て文句を言っているのです。

しかし、「結果」の出来具合を左右した「本当の原因」はいったい何なのでしょうか？

それは、その木の「種」と「根っこ」です。地上にあるりんごをつくり出しているのは、地下にある「根っこ」ということです。

目に見えない「原因」が、目に見える「結果」を生み出しているという事実です。

お金についても、「目に見える世界」である現実を変えるには、「目に見えない世界」、つまり価値観や潜在意識などを変えなければなりません。

この価値観というのは、コンピューターのプログラムみたいなものです。

プログラムというのは、一度作動させれば、勝手に行動する条件反射のようなものです。潜在意識では、そんなプログラムが勝手に作動して、今の自分をつくっているのです。

だから、過去の経験を許してあげるとか緩めてあげると、ブレーキが大きく解除されるようになってきます。

【ワーク】過去のお金にまつわるドラマを思い出す

「自分の過去、お金にまつわる出来事（ドラマ）は何があっただろう？」と思い出してみてください。

思い出したものが、お金に関係していなくても大丈夫です。また、年齢順でなくても、思いついた順番で書いてみてください。

そして、その出来事（ドラマ）から、自分は何を決めた（価値観）のでしょうか？

例として、以下は私のお金のドラマです。

・幼稚園の頃、50円のアイスを買ってきて、友達に100円で売ろうとしたら、相手のお母さんにものすごく叱られた。
↓「簡単に儲けてはいけない」という価値観

・幼少期、父親の掛け花札が一晩で数百万負け、その夜、一家で三重から千葉へ夜逃げ（翌日には怖い取り立ての人に見つかってしまう……）。
↓「大きな賭け事は、一瞬にして生活を奪う」という価値観

・父が職を失った時、それまでの父の友人がひとりを除いて遊びに来なくなった。
↓「お金がないと人望も失う」という価値観

あなたにもきっとお金にまつわるドラマがあるはずです。一度、冷静に分析してみましょう。

ギアをシフトアップする──成長へのステップ

自動車にはギアがあります。マニュアル車を運転したことがある人なら、イメージしやすいでしょう。

最初に1速にギアを入れて発進します。回転数が上がっていき、スピードに乗りはじめたら、2速にギアをシフトアップ。5速や6速の中から、ちょうどよいギアで走るとスムーズに走れます。

起業も同じです。はじめはひとりで起業して、何もかも自分で行なっていくことが多いでしょう。大規模な同業他社と比べれば正直、非力です。経験も商品力もサービス内容も劣っているかもしれません。がむしゃらに努力しても、なかなか前に進まないこともあります。

でも、**最初はこれでいいのです。**1速ですから。スピードは出ないのに、一番、馬力が必要です。**止まっているものを最初に動かすことが一番大変なのです。**力が必要なのです。

熱意と努力を続けてみてください。

次第に要領を得てきます。まわりからも信用度がアップしてきます。そして、人を採用する、事務所を借りるなど、ギアを2速へシフトアップしましょう。


車の場合、ギアをシフトアップするには、まず回転数を上げます。そして、レッドゾーンに入る手前で一瞬アクセルを外して、シフトアップします。

経営ならば、ひとりでは限界近くまで来た時点で、人を採用したり、事務所を構えたりします。そうすることで、スピードアップして経営できるようになります。

無理をして身体を壊したり、ミスを起こしてお客様の信用がなくなったりするぐらいレッドゾーンに入っているのに、アクセルを緩めるのが怖くて、シフトアップできない、という状態をよく見かけます。

これでは最後にはエンジンが壊れてしまいます。

経営していると、いくつかのターニングポイントが表われます。ベストなタイミングを見計らって、勇気をもって、ギアをシフトアップしてください。

時速100キロを3速で走るのと、5速で走るのでは、快適さは5速のほうが勝ります。

起業を成功させ、さらに成長させるためにも、適切なシフトアップを図ってください。

日々のほんのわずかな差が、大きな違いを生む

一方で、行動レベルを見ていきたいと思います。

毎日1％ずつ改善したら、1年（365日）でどれくらい進歩するでしょうか？

また、毎日1％ずつ悪くなっていったら、1年でどれくらい後退してしまうでしょうか？

答えは……。

1・01を365乗すると、37・8

0・99を365乗すると、0・03

なんと！　1000倍の差です！

とてつもなく、大きな差です。でも、1％なら成長できると思いませんか。

本人でも気づかない程度の小さな行動が、大きな違いを生むのです。

あなたも小さな一歩からスタートしてみませんか？

エピローグ

成功経営者も、起業からはじまった！　一歩の踏み出し方

私はセミナーに参加するのが好きです。

自己啓発系や心理系のセミナーに参加すると、「起業したいけど、なかなか一歩が踏み出せない」と悩んでいる人がたくさんいます。

誰かに背中を押してもらうと一歩が踏み出しやすいし、自分の心のブレーキが少しでも緩くなって、一歩が踏み出せるかもしれません。

起業しようとしている今、あなたの頭の中にあるイメージは次のどちらでしょうか？

①バンジージャンプのように、高い所から飛び降りるイメージ

②飛行機が滑走路を走りながら、今いる所から飛び立つイメージ

もし、あなたのイメージが①だとしたら、あなたが高い所にいるという根拠は何でしょ

うか？

うまくいっていると思っているのは、「地位」？　「収入」？　「安定」？　「経験」？

誰でも、高い所から飛び降りようとすれば、足はすくむし、心臓はバクバクするし、「飛べ！」と叫んでいる人は鬼に見えるし、「なんで、こんなことをしようとしたのだろう」と後悔するかもしれません。

それでも、**飛んだ人と飛ばなかった人の違いは「勇気」でしかありません。**


本文でも告白しましたが、私は高所恐怖症です。１００万円積まれて「バンジージャンプをしろ！」と言われても、絶対にやりません。

もし私が「起業はバンジージャンプのようなもの」と思っていたら、とても起業しなかったでしょう。ですから、あなたにも心臓が飛び出そうな「勇気」は求めません。


私は②をおすすめします。

「起業はワクワクするもの」です。「起業はこれから翼を広げて飛び立って行くこと」です。

「このアイデアは絶対に儲かる！」

「このビジネスはまだ世の中に存在しない！」

「こんなことが実現できたら世の中変わる！」

など、考えただけでワクワクします。


しかし、頭がよい人ほど、現実を考えてしまいます。

「妻が反対するかもしれない」

「頼ってくれている部下に申し訳ない」

「せっかく苦労して入社した会社なのに辞めるのがもったいない」

「これまでに、こんな安定した職場を辞めた人がいない」

「経験がないのに、そんなうまくいくはずがない」

「今はいいけど、10年後は傾いてしまうかも」


たぶん、あなたの考えは正解です。

あなたの優しさや正義感や洞察力など、これまでの人生経験から導き出した答えなので、あなたの考えは正しいでしょう。

でも、あなたが起業できない理由を誰かに伝えた時、それを聞いた相手はどんな気持ちになるでしょう？

例えばあなたが奥様に対して「妻や家族を守らないといけないから、起業できない」と言ったとしたら、それを聞いた奥様はどんな気持ちでしょうか？

場合によっては、「私や家族のせいにしないでよ。私たちのせいにしているけど、本当は自分が起業しなくてもいい理由にしているだけでしょ！」と思われるかもしれません。

その通りかもしれません。今いる場所から飛べない理由は、他の誰でもなく、自分自身にあります。

でも仮に飛べたとしても、やっぱり「落ちてしまう」不安は、なかなか拭えないものです。

そんな時、私自身は、次の言葉を常に意識しています。

「夢が『舞台』をつくり、感謝が『土台』をつくる」

ぜひ、先に「感謝」を考えてみましょう。例えば、

・起業したいと考えることができる健康状態であることに

・手放すのが怖くなるほど、これまでうまくいった経験や自分の能力に

・応援してくれたり、話を聞いてくれたりする友人たちがいることに

・起業ができる国に暮らしていることに

など。

今まで気がつかなった感謝に気づくことで、スカスカに思えた足場が固まります。あなたの土台ができるのです。

そうすると、「落ちてしまう」不安が不思議と消えていきます。

無理に飛ばなくても、風を感じて、翼さえ広げれば自然と飛び立つことさえできます。

あなたが描く「夢」は、神様がきっと、その「舞台」を用意してくれます。

夢物語ではありません。どんな成功経営者でも、最初の一歩は、あなたと同じでした。勇気を持って最初の一歩を踏み出しました。そして、最初の一歩を踏み出すことができると、さらにもう一歩を踏み出すのが怖くなくなります。そうして成功をつかんでいくのです。

さて、あなたはどんな一歩を踏み出しますか？

あなたの一歩は決して、あなただけの一歩ではないのです。

最後は、この言葉で締めくくりたいと思います。

「人間にとっては小さな一歩だが、人類にとっては偉大な一歩だ」
That's one small step for man, one giant leap for mankind.

ニール・A・アームストロング
（1969年、人類で初めて月に降り立った宇宙飛行士）

おわりに

本書を最後まで読んでくださり、本当にありがとうございました。

本書では、起業の中でも、お金を中心とした「損得勘定」をテーマに書かせていただきました。

人間は「損する」ことに痛みを感じます。つまり、「感情」が伴うということです。

実際に損した時だけでなく、損する危険性がある時も同じです。

痛みを避けたいという気持ちは、人間の防衛本能です。自分を守るために大切なことではありますが、時として変化を伴うことに対して、行動を止めてしまう原因にもなります。

本書で「お金は少ないほうがうまくいく！」とお伝えしました。

お金が少ないことは、起業にとって一見、足かせのように感じるかもしれません。足に重りがついていたら、なかなか自由に前に進めないでしょう。

足かせにも「心（感情）」の面と、実際にお金が少ないという「現実（勘定）」の面があります。

前者の対策はメンタルブロックを外すことです。これで片側の足かせが外れます。ひとつでも足かせが外れたら、前に進む一歩が踏み出しやすくなります。

しかし、メンタルブロックを外しても、行動しなければ、もうひとつの足かせである現実のお金は増えないままです。けれども、足かせがついたままでも前に進み続けることで、強靭な脚力が残ります。これは、あなたが身につけたものです。ここに強さがあります。あなたは成功に必要な大きな武器を、自分の力で手に入れるのです。

残るは「あと一歩」です。わずか1%でも大きな差を生むことをお伝えしました。

では、どうすれば、あと一歩を踏み出せるかといえば、それは、夢やビジョンを持つことです。オリンピックを目指しているアスリートと、そうでないアスリートの違いを想像するとわかりやすいでしょう。

最後に、どうしてもお伝えしておきたいことがあります。

私はセミナーで、父の借金のエピソードを話すたびに、父がダメな人間に思われてしまうという罪悪感があります。特に書籍として文字で残る今回は、強く感じました。

お金に苦しんだことは事実ですが、亡くなった父のことは今でも大好きです。それだけに、お金が原因で父が出て行ったことを悔やんでいます。でも、だからこそ、お金に向き合うようになりました。これは、父からの「ギフト」だったのです。

本書は私の処女作です。母にプレゼントできることを楽しみにしていました。しかし、執筆後に母が車にはねられて突然この世を去りました。母へのこれまでの感謝をもう伝えることができません。そのため、この場を借りて伝えたいと思います。

「生んでくれてありがとう。育ててくれてありがとう。私はあなたの子どもで幸せでした」

振り返ってみると、本書が出来上がるまで、ひとりではたどり着けませんでした。

みなさんの力をお借りしました。ご縁をつないでくれたパピヨン麻衣さんがいて、いつもほめ上手な編集の津川雅代さんに励まされ、温かく見守っていただいた古市達彦編集長がいました。書ききれないほど、たくさんの方々に応援をしていただきました。

えん（円）は、えん（縁）。たくさんのご縁を本当にありがとうございました。

平成30年10月

谷口雅和

●本書をお読みいただいたみな様への特典●

下記サイトにて特典をダウンロードできます。

谷口雅和の起業支援サイト

https://www.kigyomoney.com

Rikyu パートナーズ税理士法人
愛知県名古屋市中区栄 2-5-17 白川ビル東館 6 階
Tel：052-265-5753　　Fax:052-265-5754
E-mail：taniguchi@tax-110.com
ホームページ：http://www.tax-110.com/

著者略歴

谷口雅和（たにぐち　まさかず）

Rikyuパートナーズ税理士法人代表社員／起業支援税理士、お金の勘定と感情の専門家
税理士、1級ファイナンシャルプランナー、NLPマスタープラクティショナー

1971年生まれ。高校2年の時、父親が部下の連帯保証を負い、自宅を売却。自宅マンションの廊下にドーベルマンを放たれるなど、闇金融業者の激しい取り立てを経験。その後、両親は離婚、父親は借金を残して出て行き、残された家族と電気もつかない生活を送る。しかし、自分自身もサラ金地獄に陥り、昼間の仕事と深夜のバイトや内職を掛け持ちしながらも、2004年にカードローンでお金を借りて税理士として起業。その後、業績は伸びてもお金に対する不安が消えないことから、心理学などを学び、その理由がお金に対する感情（トラウマ）だと知る。

税理士事務所の8割が売上減少している中で、起業以来14年間連続15%成長。名古屋と東京にオフィスを構える。起業支援に特化し、融資件数の金融機関支店エリア1位、創業補助金採択件数が税理士事務所で全国3位という実績を誇る。また、AIを活用した記帳の合理化を6年前から推進し、現在「弥生会計」の自動仕訳機能導入件数全国1位。

「お金が少なくても起業して成功する方法」「お金に振り回されない幸せな生き方」「お金の心理学」をテーマにしたセミナーや講演を全国で行なう。地元ラジオ局のレギュラーパーソナリティーも務めた経験も持つ。


お金は少ないほうがうまくいく！

損する起業・得する起業

平成30年11月6日　初版発行

著　者 ── 谷口雅和

発行者 ── 中島治久

発行所 ── 同文舘出版株式会社

東京都千代田区神田神保町1-41　〒101-0051
電話　営業03（3294）1801　編集03（3294）1802
振替00100-8-42935
http://www.dobunkan.co.jp/

ISBN978-4-495-54021-0
印刷／製本：三美印刷
Printed in Japan 2018